가슴 떨리는 당신의 버킷리스트는 무엇입니까?

죽기 전에 이뤄야 할 자신과의 약속

강창균 · 유영만 지음

THE BUCKET LIST

한국경제신문

THE BUCKET LIST

프롤로그

처음 쓰던 날의 두근거림

"꿈은 머리로 생각하는 게 아니라 가슴으로 느끼고 손으로 적고 발로 실천하는 것이다."

– 존 고다드(탐험가 · 인류학자)

여학생의 다이어리를 우연히 본 적이 있다. 책장마다 작고 동그란 글씨들과 서툰 그림들이 아기자기하게 펼쳐져 있었다. 거기엔 글씨만큼이나 예쁜 소망들도 적혀 있었다. 수학 점수 올리기, 빨간 장화를 사기, 서울대 선정 고전 100권 읽기. 엄마와 동대문에서 야간 쇼핑하기……. 그 여학생의 소망은 내 것과는 달랐지만 미래에 대한 풋풋한 기대감은 슬그머니 전염되어 나를 설레게 만들었다.

아마 여느 소녀들도 마찬가지로 가슴 두근거리는 나날을 보내고 있을 것이다. 크고 작은 소망들을 꿈꾸고 행복한 비밀을 간직하고 있을 것이다. 하지만 낙엽 한 장만 물 위에 떨어져도 마음이 출렁이는 소년 소녀의 시간은 너무나 짧다. 그들을 기다리는 건 긴 어른의 시간이고, 그 삶은 자꾸 꿈을 배신한다.

사실 어른들의 현실은 잔인한 면이 있다. 물론 용케 불행을 피한 행운아들도 더러 있지만 나에게는 그런 행운이 없었다. 나의 청년기는 머리 위에 큰 먹구름이 하나 떠 있는 시절이었다. 하는 일마다 되는 일이 없었고, 노력할수록 더 아프기만 했다. 나를 감싸던 먹구름도 점점 커져만 갔다.

그러다가 결국은 상상하기도 싫은 날벼락이 떨어졌다. 나를 세상에 내보냈던 어머니의 늙고 텅 빈 몸에서 암이 자라고 있던 것이었다. 간암 말기였다. 병실에서 어머니는 말없이 눈물을 흘리실 때가 많았다. 그러다 어느 날 지나가는 말처럼 이렇게 말씀하셨다.

"살아보니까 정답이 없더구나. 네가 하고 싶은 대로 살아라."

숨 쉬는 것조차 힘들어 하시는 어머니는 점점 기력을 잃어갔다. 그리고 따뜻한 봄날, 복수를 토하고 돌아가셨다. 못난 자식 때문에 속이 다 타버렸기 때문일까. 어머니께서 토하고 가신 복수는 검정 먹물보다 더 진했다. 장례를 마치고 내내 '하고 싶은 대로 살라'는 어머니의 말씀이 떠나지 않았다. 한 번도 제대로 하고 싶은 걸 하신 적이 없는 어머니였다. 그렇다고 어머니가 특별한 것을 소망한 것도 아니었다. 그저 좋아하는 음식을 먹고, 옛 친구를 만나고, 가족과 즐거운 시간을 좀 더 보내는 것 정도였다. 평범한 사람이 마음만 먹는다면 하루 만에 다 실천할 수 있는 소박한 목록이었다. 하지만 어머니는 그 쉬운 소망을 이루지 못하고 돌아가셨다.

한동안 죄스럽고 답답한 마음이 나를 짓눌렀다. 어느 날은 그 무게가 너무 무거워서 견딜 수가 없었다. 숨이 막히고 가슴이 터질 것 같았다. 뭐라도 해야 했다. 그때 작은 메모지가 눈에 띄었다.

어머니의 사진을 가슴에 품고 세계여행하기

어른이 되어 처음으로 써본 버킷리스트였다. 글을 쓰고 나니 기분이 묘했다. 마치 비행기 티켓을 손에 쥔 느낌이 들었다. 나는 마음을 진정시키고 내가 하고 싶어 하는 일들을 하나씩 적어나갔다. 그 마법 같은 날 이후, 버킷리스트를 적고 실천하는 건 내 삶의 일부가 되었다. 일도 그렇게 해 나갔다. 비록 경제적인 성공에 불과하지만 나의 성공은 버킷리스트에 기반하고 있다.

인생은 내 것이고 한 번 뿐이다. 남들이 보기에 화려하지 않아도 내게 중요한 일이라면 그걸 해야 한다. 인생에 '정답(正答)'은 없다. 우리가 스스로 정하는 '정답(定答)'만 있을 뿐이다. 가치 있게 살고 싶다면 꼭 기억해주길 바란다. 쓰고, 실천하고, 행복해라.

이 책을 하늘에 계신 어머님께 드린다.

강창균

"삶에 의미가 없다면 죽음도 아무런 의미가 없다."

버킷리스트

The Bucket List CONTENTS

어느 날, 누군가가 '꿈의 리스트'를 묻는다면

- 보잘것없는 재산보다 작은 소망을 가지는 것이 더 훌륭하다.
  세르반테스

- 행복이란 우리집 화롯가에서 성장한다.
  그것을 남의 집 뜰에서 따와서는 안 된다.
  제롤드

- 우리는 목적지에 닿아야 비로소 행복해지는 것이 아니라
  여행하는 과정에서 행복을 느낀다.
  앤드류 매튜스

흰 종이 앞에서 학생들은 대부분 멍한 표정만 짓고 있었다. 아무것도 적히지 않은 16절지 종이. 종이에는 그저 검은색으로 '프린스턴대학교 고등과학연구소'라는 작은 마크만 찍혀 있었다.

"너무 어렵게 생각하지 마세요. 나누어 준 종이에 여러분 마음속에 있는 것을 써 내려가면 됩니다."

32명의 대학생들은 강의실 교단에 서 있는 남자를 바라보았다. 40대 초반의 남자였다. 남자 옆에는 병원에서나 입으면 어울리는 흰 가운을 입은 20대 후반의 여자가 서 있었다. 그 여자를 흘긋거리느라 설명은 뒷전인 학생도 있었다. 남자가 미소를 지으며 학생들을 둘러보고 다시 입을 열려는 순간, 한 학생이 손을 들어 말했다.

"여기는 코넬대입니다. 어째서 우리가 프린스턴대학의 설문에 응해야 하죠?"

그 말에 남자가 대답했다.

"아, 이 설문조사는 미국 전역에 걸쳐 10개 대학에서 진행하고 있습니다. 하버드, 프린스턴, MIT, 예일, 콜로라도대학에서는 이미 조사를 마쳤습니다. 이곳 코넬대학에서는 철학과 2학년 학생들인 여러분을 조사 대상으로 선정했고, 학교와 학생회 측과 협의를 거쳐 이렇게 조사를 진행하게 되었습니다."

그 말에 고개를 끄덕이는 학생도, 심드렁한 표정을 짓는 학생도, 남자 옆에 서 있는 여자에게 눈짓을 하느라 정신이 팔린 학생도 있었다. 남자가 계속해서 말했다.

"종이 위에 여러분의 이름과 나이를 적으시고 그 아래에 여러분이 살아가는 동안 이루고 싶은 목표를 적으면 됩니다."

이번에는 다른 학생이 손을 들었다.

"지금 우리 나이가 몇인데 꿈을 적으라는 겁니까? 설문 내용이 조금 이상한 거 아닙니까?"

그 말에 지금까지 한 마디도 않고 있었던 여자가 입을 열었다. 학생들의 눈이 일제히 그 여자에게 쏠렸다.

"꿈을 적으라는 게 아닙니다. 과학자가 되겠다거나 대통령이 되겠다는 꿈이 아니라, 살아가면서 구체적으로 어떤 일을 이루겠다는 목표 리스트를 적으라는 거죠. 예컨대 '철학사 박물관을 세우겠다' 처럼 구체적인 목표를 적는 겁니다."

"그럼, 불가능한 일도 됩니까? 그러니까 목성에 농장을 건설하겠다 같은 거요."

"글쎄요. 불과 10년 전만 해도 사람이 달에 가는 건 아무도 상상하지 못했죠."

이번에는 학생들 모두 고개를 끄덕였다. 하지만 장난꾸러기는 어디나 꼭 있게 마련이다. 강의실 뒤쪽에서 누군가 큰소리로 외쳤다.

"제 삶의 목표는 당신과 데이트를 하는 겁니다. 그것도 바로 오늘 저녁에요!"

한바탕 웃음이 터져 나왔다. 여자는 당황하지 않고 미소 띤 얼굴로 말했다.

"그게 당신의 삶의 목표라면 그렇게 적어야겠죠."

또 다른 학생이 물었다.

"쓸 게 없으면 어떻게 합니까?"

"적지 않으셔도 됩니다."

"사소한 것도 됩니까?"

"물론이죠."

"꼭 자신의 이름과 나이를 밝혀야 하나요?"

"굳이 밝히고 싶지 않다면 가명을 써도 됩니다. 하지만 되도록 써 주시면 좋겠습니다."

"이 조사를 하는 이유가 뭡니까?"

미국 코넬대학교

이 질문은 정말 중요했다. 강단 위에 서 있던 남자와 여자는 서로의 얼굴을 바라보았다. 남자가 천천히 입을 열었다.

"이 설문의 목적은 평범한 미국 대학생들이 어떤 목표와 희망, 목적을 가지고 사는지를 조사해서 국가 정책을 세울 때 반영하기 위해서입니다. 현재 소련과 경쟁이 치열해지고 있습니다. 그건 여러분이 더 잘 아실 겁니다. 소련을 이기려면 이 나라 청년들의 정신문화 상태를 정확하게 파악하고 그에 따른 시스템을 마련해 두어야 합니다. 이 설문조사는 그 일환으로 실시되는 것입니다"

소련과의 경쟁이라는 말이 나오자 학생들의 눈빛이 반짝거렸다. 남자가 말을 마치자마자 벌써 종이에 무언가를 적는 학생들도 있었다. 얼마 지나지 않아 강의실은 펜이 움직이며 내는 사각거리는 소리 외에는 아무 소리도 들리지 않았다.

그러나 사실 남자의 말은 거짓말이었다. 정책이니 시스템이니 소련과의 경쟁이니 하는 말은 전부 지어낸 말이었다.

그날 철학과 2학년 학생 35명 중, 3명은 수업에 나오지 않았고, 설문지를 받았지만 백지로 낸 사람은 4명이었으며, 시 한 편을 적은 사람이 2명, 여자 얼굴을 그린 사람이 2명, 소련을 이기는 방법을 장황하게 적어 낸 학생이 1명, "어머니는 위대하다. 나는 그 어머니의 꿈을 소홀히 하지 않는다. 따라서 위대한 철학자가 되어 미국인의 정신을 개조하겠다. 그렇다면 하원의원이 되어야겠지만 미국 정치구조는 사실 3류다"라는 식의 두서없는 글을 쓴 사람이 3명이었다.

각자 마음속에 품은 삶의 목표를 기술한 사람은 모두 20명이었다(가명을 쓴 사람도 2명 있었으나 훗날 대조 작업을 통해 실제 이름을 밝혀냈다). 대부분 다섯 개 정도 되는 꿈을 적었고, 그중에는 '정원이 딸린 넓은 집에서 살고 싶다', '최고급 벤츠를 사고 싶다', '맛있는 음식을 실컷 먹고 싶다'와 같은 유치한 내용도 많았다. 명문대학에 다니는 학생답지 않은 유치한 꿈이라고 할 수도 있고, 철학과 학생답게 위트를 발휘한 대답이라고 볼 수도 있는 답변들이었다.

살아가는 목표를 진지하게 서술한 학생들은 17명 정도였다. 그들은 이런 목표를 적었다.

- 소크라테스와 공자의 탄생지를 둘러보고 두 사람의 사상이 발전한 과정을 되짚어 본다
- 장학재단을 세워 가난하지만 명석한 학생들에게 교육 기회를 제공하고 싶다
- 서른 살엔 안나푸르나 제1봉을, 서른다섯 살엔 에베레스트를 꼭 정복할 것이다

설문 조사에 참가한 학생들의 나이는 평균 22.4세, 남학생은 24명, 여학생은 8명이었다. 조사 결과는 '1985년 4월 2일 실시. 코넬대학교 철학과 2학년생 버킷리스트'라는 제목으로 프린스턴대학 고등과학연구소의 캐비닛에 보관됐다.

평범하지만 소중한 소원

그리고 몇 년의 세월이 흘렀다. 그 사이 미국 대통령은 로널드 레이건, 조시 부시, 빌 클린턴, 조지 W. 부시를 거쳐 버락 오바마로 바뀌

었다. 연임에 성공하고 2001년 대통령직에서 물러난 클린턴은 64세 생일을 앞둔 2010년 7월의 어느 날 세계에이즈대회에 참가했다. 그때 한 청중이 클린턴에게 물었다.

클린턴은 64세 생일을 앞두고 자신의 버킷리스트를 작성했다.

"외동딸을 시집보내야 하는 아버지이자 전직 대통령으로서 어떤 버킷리스트를 갖고 있는지 궁금합니다."

클린턴은 이렇게 대답했다(사실은 회의에 참가한 클린턴이 메모지에 낙서처럼 적어 휴지통에 버린 것을 발견했다는 설도 있다).

빌 클린턴의 버킷리스트

① 만년설이 모두 녹기 전에 아프리카의 최고봉 킬리만자로 오르기

② 손자를 무릎에 앉히고 같이 놀기

③ 전 세계 사람들에게 지금도 수백만이 넘는 아이들이 매일 더러운 물을 마시고 있다는 사실을 알리기

④ 제3세계의 에이즈 환자 없애기

⑤ 깊은 밤, 존 매케인 상원의원을 찾아가 깜짝 놀라 일어나도록 베트남어로 고함을 질러 보기(존 매케인은 베트남에서 5년 넘게 포로 생활을 한 경력이 있다)

⑥ 술에 만취한 상태로 폭스뉴스파티에 나가 그곳에 온 정치인들에게 내 생각을 솔직하게 말하기

⑦ 아직 다리에 힘이 있을 때 마라톤 하기

⑧ 옛 친구 모니카 르윈스키와 페이스북에서 만나기. 실현 가능성 거의 없음

⑨ 아내를 인도 대사로 추대하기(그의 아내 힐러리 클린턴은 오바마 행정부의 국무장관이다. 힐러리가 가까운 워싱턴에서 근무하는 국무장관이 아니라 지리적으로 멀리 떨어진 인도에 머무는 것이 오히려 두 사람이 함께하는 데는 더 쉬울 거라는 뜻)

⑩ 부시(41대 대통령을 지낸 아버지 부시)를 만나 "당신 아들은 똥이요" 하고 말해주기

클린턴의 버킷리스트는 특별한가? 아니, 그렇지 않다. 세계 최강대국의 대통령을 지낸 사람의 소망이라고 하기에는 대부분 너무 평범하다. 킬리만자로 등반, 손자와 놀기, 아내를 자주 보기, 마라톤, 스캔들 난 여성에게 '그동안 어떻게 지내시오' 라고 묻기, 짓궂은 장난으로 친구 깨우기, 전직 대통령에게 욕하기 등은 특별할 것 없이 너무나도 평범하다(물론 킬리만자로 등반 같은 경우는 아무나 할 수 있는 일이 아니지만). 지위고하를 막론하고 사람들의 소원은 특별하고 거창한 무언가가 아니다. 중요한 것은 따로 있다. 당신은 자신만의 버킷

리스트를 가지고 있는가? 차이는 바로 버킷리스트가 있는가 없는가에 있다.

정녕 중요한 것은

2000년 4월 2일, 프린스턴대학 고등과학연구소는 캐비닛을 열어 오래된 서류뭉치를 꺼냈다. 햇빛과 먼지를 막아주는 캐비닛 속에 깊숙이 보관되어 있었는데도 서류뭉치는 누렇게 바래 있었고 먼지가 수북이 쌓여 있었다. 정확히 15년 만에 개봉되는 파일이었다.

조사팀은 '코넬대학교 철학과 2학년생 버킷리스트'를 열어 버킷리스트를 작성한 학생들의 현재를 조사해 나갔다. 대학 학적과, 졸업생 명부, 인터넷 유명인사 데이터베이스를 샅샅이 뒤져 설문조사에 참여한 학생들의 현재 직업과 거주지를 추적했다.

1년여에 걸쳐 조사가 진행되었고, 32명의 소재를 모두 파악했다. 안타깝게도 3명은 사망했다(1명은 교통사고, 1명은 폐암, 1명은 자살이었다). 29명 중 26명이 직업이 있었다. 사업가 5명, 공무원/정치계/학교/법관/군인 등 공직에 종사하는 사람이 7명, 문화/예술계/저술에 종사하는 사람이 4명, 경제/산업계에 종사하는 사람이 5명, 전업주부가 3명, 신분 밝히기를 거부한 사람이 2명이다. 평균연령은 사망한 사람이 있어 15년 전보다 약간 상승한 38.1세였다.

조사팀은 살아있는 29명 모두에게 인터뷰를 요청했고, 그중 23명이 인터뷰에 응했다(해외에 있는 4명은 이메일로 연락을 해왔다). 인터뷰를 거부한 6명의 직업은 신원을 밝히기 싫어한 2명, 무직 1명, 사업가 1명, 공직자 1명, 전업주부 1명이었다. 인터뷰를 거부한 이유는 '무작정 싫어서'가 5명이었고 1명은 '직업상 규정' 때문이었다.

1985년 당시 설문조사에 성실하게 응한 사람은 32명 중 17명이었고(그중 1명은 사망) 백지로 내거나 무성의하게 낸 사람은 15명이었다. 살아있는 29명 중 사회 지도자급 위치에 오른 사람은 18명으로, 버킷리스트를 성실하게 작성했던 사람이 16명이나 됐다.

현재 위치		인원
사망		3
직업	자기 사업	5
	공직	7
	문화계	4
	경제계	5
	전업주부	3
무직		3
거부(알 수 없음)		2
합 계		32명

조사 결과는 놀라웠다. 버킷리스트를 성실하게 작성한 사람들이 그렇지 않은 사람들보다 사회적 위치가 높았고, 재산은 평균 2.8배 정도 많았다. 90% 정도가 현재 삶에 만족한다고 했고, 이혼 경험 없이 행복한 가정생활을 만끽하고 있었다. 미래의 버킷리스트를 세 가지 작성해달라는 요청에도 기꺼이 빠른 속도로 버킷리스트를 작성해 나갔다. 반면 버킷리스트를 작성하지 않았거나 장난으로 적은 사람, 장황한 이야기를 늘어놓은 사람은 80% 이상이 그런 조사를 했다는 사실조차 기억하지 못했다. 대부분 자신이 기록한 용지를 보고 깜짝 놀랄 정도였다.

인터뷰에 응한 23명에게 조사팀은 다음과 같이 질문했다.

① 코넬대학교 철학과를 졸업하셨습니까?
(졸업을 못한 경우는 '1985년에 철학과 학생이었습니까?' 라고 물었다.)

② 2학년 때 '나의 버킷리스트' 를 작성한 적이 있습니까?

③ 그 내용을 기억하고 계십니까?
* 이때 조사원은 그 사람이 기록한 버킷리스트 복사본을 보여주고 잠시 그가 회상에 잠기게 했다.

④ 그 리스트에 적은 것을 이루었습니까?

⑤ 이루지 못했다면 그 이유는 무엇입니까?

⑥ 그때 작성한 버킷리스트가 이후의 삶에 어떤 영향을 주었습니까?

⑦ 버킷리스트를 이루지 못했다면 지금이라도 이루고 싶습니까?

⑧ 앞으로 버킷리스트를 작성한다면 어떤 것을 적겠습니까? 세 가지만 말씀해주세요.

⑨ 학창시절에 작성한 버킷리스트가 살아가는 데 도움이 되었다고 생각하십니까?

⑩ 현재의 삶에 만족하십니까?(지금 행복하십니까?)

그 사람들의 삶은 평탄하지 않았다. 자살을 시도한 사람도 3명이나 됐고(여자 얼굴을 그린 1명은 실제로 자살했다), 결혼에 실패했거나 가정불화 때문에 별거 중인 사람이 많았다. 사업에 실패했거나 사람들과의 관계 때문에 끊임없이 직장을 바꾼 사람도 있었고, 교도소에 갔다 온 사람도 있었고, 집이 없는 사람도 있었다. 명문대학을 졸업했지만 자신은 무능력자이며 한 번도 행복한 적이 없었다고 넋두리를 하는 사람도 있었다. 인생 계획 따위는 아무것도 없다며 버킷리스트를 새로 작성해 달라는 요청에도 시큰둥하게 반응했다.

"그까짓 거 작성하면 뭐하죠? 그게 돈이 됩니까, 명예가 되나요? 어차피 그냥 꿈인데 뭐 하러 귀찮게 그런 걸 적죠? 사실 지금 당장 죽을지도 모르잖아요."

그러나 사회적으로 성공한 사람들의 대답은 달랐다.

"그때 나는 혈기왕성했죠. 최고의 대학에 다닌다는 자부심도 대단했고요. 그런데 그때 버킷리스트를 작성하라는 말을 들었죠. 아주 짧은 순간이긴 했지만 그 질문이 그동안의 내 삶을 되돌아보게 했어요. 그래, 미래를 위해 지금 구체적인 목표를 세우지 않으면 안 되겠구나 하는 생각이 들었죠. 그래서 '내 이름으로 책을 낸다, 보스턴 마라톤 대회에 참가해 완주한다, 인간의 삶을 향상시키는 사상적 진보에 공헌한다' 고 적었어요.

그 꿈을 다 이루었냐고요? 하하, 아직 아무것도 이루지 못했습니다. 하지만 그 목표를 한시도 잊은 적이 없어요. 지난 15년 동안 그 꿈을 이루기 위해 노력하고 있는 거지요. 그 노력 덕분에 내가 이만큼이나마 행복하고 풍족한 삶을 누리는 것 아니겠어요? 이제 그 세 가지 리스트에 두 가지를 더 추가할 생각입니다. 페루에 있는 마추픽추를 여행할 계획이고, 북극곰 보호운동에 적극적으로 참여할 생각입니다. 이룰 자신이 있냐고요? 물론이죠! 죽기 전에 다섯 가지를 모두 이룰 겁니다. 설사 이루지 못한다 해도 괜찮아요. 꿈을 위해 노력하는 동안 더욱 풍요로운 삶을 살고 더욱 행복해지고 사랑받겠죠. 그것 말고 중요한 게 뭐가 있겠어요. 중요한 건 무언가 꿈을 간직하고 산다는 거잖아요."

여기 한국에서도 평범한 한국인 몇 명에게 버킷리스트를 물어보았다. 그 사람들은 이렇게 대답했다.

- 사랑하는 사람과 알래스카 여행하기
- 몽골 초원에서 유목민처럼 생활하기
- 성인이 된 두 딸과 세상에서 가장 유치한 장난 쳐보기
- 시를 한 편 써보기
- 거실에 놓을 커다란 식탁과 의자 직접 만들기
- 걸어서 세계일주 하기
- 초등학교 담임선생님 여섯 명을 초청해 식사 대접하기
- 허리까지 머리 기르기
- 성경 완독하기
- 사랑하는 사람과 자전거 타고 여행하기
- 내가 죽기 전에는 죽지 않는 고양이 키우기
- 콘크리트 없는 동네 여행하기

이 중에는 지극히 평범한 소망도 있고 특이한 소망도 있다. 그러나 소망이 특이한가 그렇지 않은가는 중요하지 않다. 중요한 것

은 어떤 소망이 됐건 자신이 버킷리스트를 가지고 있느냐, 없느냐에 있다. 버킷리스트를 작성했던 학생들이 더 성공할 수 있었던 이유는 소망의 내용이 아니라 늘 무엇인가를 꿈꾸는 삶의 자세에 있었다. 목표와 희망 없이 사는 것. 이는 물과 나침반 없이 사막을 여행하는 것과 마찬가지다. 물론 목표가 없는 사람들은 아예 여행조차 떠나지 못한다.

그럼 죽음을 앞 둔 사람들의 버킷리스트는 뭔가 특별할까? 아니, 그렇지 않다. 그들이 원하는 소망은 건강한 사람이라면 어렵지 않게 해낼 수 있다. 돈이 많이 드는 일도 아니어서 대부분 쉽게 할 수 있다. 사과 한 쪽, 블랙커피 한 잔은 지금 당장 먹을 수 있다. 시간만 조금 낸다면 낚시와 등산도 그리 어려운 일이 아니다. 하지만 기억하자. 건강한 우리들에게는 아무렇지도 않은 일이 죽음을 앞 둔 사람에게는 엄청나게 절실한 소망임을.

이제 당신의 마지막 버킷리스트가 무엇인지 스스로에게 물을 차례다. 그것을 이루기 위해 어떻게 해야 하는지 고민하라. 삶은 영원하지 않다. 우리에게는 죽음을 가치 있게 마무리해야 할 의무가 있다.

죽음을 눈앞에 둔 사람들의 버킷리스트

위암 말기 환자

- 죽기 전에 봉사활동을 하고 싶다
- 사과 한 쪽을 먹고 싶다
- 블랙커피 한 잔을 마시고 싶다
- 시원하게 똥을 한번 누고 싶다

죽음을 눈앞에 둔 사람들의 버킷리스트

간암 말기 환자

- 그동안 고생만 한 아내에게 면사포를 씌워주고 싶다
- 3분만 속시원하게 웃고 싶다

에이즈 환자

- 아내와 함께 낚시를 가고 싶다
- 설악산을 오르고 싶다
- 친구들과 밤새 수다를 떨고 싶다

BUCKET CASE

평범한 샐러리맨의 버킷리스트

취업포털 사이트 잡코리아가 남녀 직장인 1,144명을 대상으로 '직장인이 꼭 해야 할 것' 이라는 주제로 설문조사를 했다. 과연 직장인이 가슴속에 간직한 '꼭 하고 싶은 일' 은 무엇일까?

조사 결과 '10년 후 계획 세우기' 가 71.8%로 1위에 올라 눈길을 끌었다. 이는 자신의 인생을 돌아보고, 앞으로 나아갈 길을 진지하게 고민하는 시간을 갖고 싶다는 의지로 해석된다. 2위는 58%를 차지한 '취미생활 갖기' 였으며, '새로운 것에 도전하기' (50.6%), '외국어 공부하기' (50.2%), '승진하기' (48%)가 그 뒤를 이었다.

한편 '가족을 위해 시간 내기' 가 46.9%의 응답률을 차지해 직장인 절반가량이 가족과 많은 시간을 보내지 못하는 것을 아쉬워하는 것으로 조사됐다. 이어 '운동하기' (46.3%), '좋은 인맥 형성하기' (43.5%), '혼자만의 시간 갖기' (42.5%), '여행 떠나기' (41.5%)가 10위 안에 들었다. 그다음 높은 순위를 차지한 대답으로는 '미친 듯이 일해보기' (41.5%), '모든 일에 당당하기' (40.9%), '연애 또는 결혼하기' (38.1%), '매일 아침 신문읽기' (28.7%), '멘토 만들기' (27.4%), '1년 안에 책 100권 이상 읽기' (26.7%) 등이 있었고, '남을 위해 봉사하기' (26.4%), '싫어하는 직장동료와 친해지기' (20.6%) 등의 의견도 눈길을 끌었다. 또 '유행에 뒤처지지 않기' (19.8%), '술과 담배 끊기' (17.2%), '자격증 취득하기' (8.6%) 같은 소망도 있었다.

추가로 직장인들이 꼭 하고 싶은 일로는 CEO 되기, 가장 좋아하는 일 찾기, 내 집 마련하기, 악기 다루기, 친구들과 모임 만들기, 무인도에서 1박2일 보내기, 부모님과 자주 대화하기 등의 의견이 줄을 이었다. 하지만 직장인들은 자신이 하고 싶은 일을 제대로 하지 못하고 사는 것으로 조사됐다. 그 이유는 무엇일까? 직장인들은 그 이유로 '알고는 있지만 실천하기 힘들어서'를 가장 많이 꼽았다. 이어 '시간이 없어서'와 '바쁜 업무로 정신이 없어서' 등 대부분 시간을 그 이유로 들었다.

● 직장인이 가슴속에 간직한 '꼭 하고 싶은 일'은 무엇일까?

10년 후 계획 세우기
취미생활 갖기
새로운 것에 도전하기
외국어 공부하기
승진하기
가족을 위해 시간 내기
운동하기
좋은 인맥 형성하기
혼자만의 시간 갖기
여행 떠나기
미친 듯이 일해보기
모든 일에 당당하기
연애 또는 결혼하기
매일 아침 신문읽기
멘토 만들기
1년 안에 책 100권 이상 읽기
남을 위해 봉사하기
싫어하는 직장 동료와 친해지기
유행에 뒤처지지 않기
술과 담배 끊기

미션플라세

- 나는 대단한 인간이 아니다. 노력하는 노인일 뿐이다.
  넬슨 만델라
- 여행과 변화를 사랑하는 사람은 생명이 있는 사람이다.
  바그너
- 시련이란 진리로 통하는 으뜸가는 길이다.
  바이런

전화벨이 두 번 울렸을 때 홍모래는 수화기를 들었다.

"감사합니다. 무엇을 도와드릴까요?"

저녁 10시의 호텔은 고즈넉했다. 로비의 두 손님은 소파에 앉아 편하게 담소를 나누고 있었고, 커피숍에서는 차이코프스키의 '현악합주를 위한 세레나데'가 흘러 나왔다. 전화벨 소리에 화들짝 놀란 프런트 야간당번 모래는 우두커니 서서 벽에 걸린 추상화를 바라보고 있는 중이었다.

밤 10시에 울리는 전화벨은 무언가를 요구하거나 무언가 만족스럽지 않다는 분명한 증거였다. 상대는 일주일째 묵고 있는 802호의 영국인 세일즈맨이었다. 그는 모래의 말이 끝나기도 전에 말을 쏟아냈다.

"여기 802호입니다. 배가 아주 많이 고프군요. 지금 식사가 될까요?"

"네. 가능합니다. 룸서비스 메뉴판에서 식사를 선택하시면 곧바로 올려드리겠습니다."

"아. 그래요. 잠시만요…… 음, 시저샐러드랑 버섯크림스프, 토마토소스를 곁들인 페투치니 하나 부탁할게요."

모래는 한 손으로 수화기를 잡고 한 손으로 빠르게 메모를 했다.

"아, 그리고 레미마틴도 한 잔 가져다주세요."

"네. 그렇게 하겠습니다. 주문 감사합니다."

수화기를 내려놓으면서 모래는 다른 수화기를 들었다. 식당으로 전화를 할 생각이었다. 그때 로비를 거닐던 데이비드가 다가왔다. 직원들은 키가 크고 옆머리가 희끗한 그 중년의 신사를 데이비드라 불렀다. 해외 교포인지, 아니면 허영심 때문에 외국 이름을 붙이고 다니는 사람인지는 알 수 없었으나 데이비드란 이름은 그가 걸치고 있는 맵시나는 실크 슈트만큼이나 그와 잘 어울렸다. 데이비드는 전화가 울린 시간을 확인했다. 10시 16분.

"무슨 일이지?"

"802호 손님이 음식을 주문했습니다."

"주방에는 누가 있지?"

모래는 눈으로 당직표를 죽 훑었다.

"식당 당번은 부 주방장님이고, 보조는 정태양이네요."

모래는 빠르게 말하며 구내전화 버튼을 눌렀다. 그 모습을 보면서 데이비드는 몸을 돌렸다.

"내가 주방으로 내려갈게. 음식이 준비되면 태양 군과 함께 802호로 갈 거야. 제아무리 영국 신사라도 배고픔은 못 참는 법이지."

"네, 감사합니다. 제가 전화를 해놓겠습니다."

모래는 로비를 지나 엘리베이터로 향하는 데이비드의 뒷모습을 보며 혼잣말로 중얼거렸다.

"802호 손님이라고만 했는데 어떻게 그 손님이 영국 남자인 걸 알았을까?"

데이비드는 직원 엘리베이터에 올라 지하 3층을 눌렀다. 주방문을 열고 들어서자 도마 위를 달리는 경쾌한 칼 소리가 들려왔다.

다다다다 하는 칼 소리, 쉬윗 하는 가스불 소리, 야간 당번 요리사들의 조그마한 말소리. 그 사이로 부 주방장의 잔소리가 쏟아져 나왔다.

"정태양, 양배추 더 가늘게 썰엇! 그렇게 속도가 느려서 어디에 써 먹어?"

부 주방장의 잔소리에 얼굴이 빨개진 태양의 칼질은 더욱 빨라졌고, 양배추는 더욱 엉망이 되어 갔다. 데이비드가 어깨 너머로 그 모습을 지켜보았다. 부 주방장의 목소리가 한층 높아졌다.

"당장 그만햇! 그렇게 하면 요리가 안 되잖아. 그만두고 카트 위에 접시나 올려."

더욱 얼굴이 빨개진 태양은 칼을 놓고 돌아섰다. 눈동자에 부끄러움과 당혹스러움이 가득 서려 있었다. 데이비드는 그에게 미소를 지으며 카트를 밀어주었다. '제길, 이 노인네는 누구야?' 태양은 아무도 모르게 인상을 찌푸렸다. 데이비드는 조리대 위에 있는 음식을 손으로 가리키며 한 번 더 미소를 지었다.

완성된 음식을 카트에 올린 데이비드는 요리장에게 말했다.

"수고했어요. 이 음식은 802호로 갈 건데, 영국에서 온 남자 손님이지요. 나 혼자 가는 것보다 요리사 한 명을 데려가고 싶은데."

요리장은 잠깐 망설였다.

"요리사가 서빙을 거들어주면 손님이야 좋겠지만, 누굴 보내야 할지."

"여기 정태양 군을 데려가고 싶군요."

데이비드가 태양을 지목하자 요리장은 얼굴을 찌푸렸고 태양은 깜짝 놀랐다. 요리장이 고개를 저었다.

"안 됩니다. 정태양은 아직 경험이 부족합니다."

"누구나 처음엔 경험이 부족해요. 하지만 실수를 통해 배우지 않으면 언제나 경험 부족일 수밖에 없지요."

요리장은 마지못해 고개를 끄덕였다. 잠시 후 태양은 카트를 밀고 데이비드의 뒤를 따라갔다.

'도대체 이 사람은 누군데 요리장이 꼼짝을 하지 못할까?'

태양의 생각을 아는지 모르는지, 데이비드는 802호 벨을 누르고 시계를 보았다. 10시 43분. 접수 시각에서 27분이 지나 있었다. 데이비드는 고개를 저었다. 손님 대응 점수는 B⁻. 접수 후 서비스까지 15분을 넘기면 안 된다. 그런데 두 배가 넘는 시간을 허비했다니.

영국인은 약간 불쾌한 표정이었다. 데이비드는 그를 똑바로 바라보며 부드럽게 미소 지었다. 무척 지적인 미소였다.

'분명히 다른 호텔에서 쫓겨난 사람이겠지. 이 호텔엔 어떻게 왔을까? 뭐 사장 친척이나 되겠지.'

이런 생각이 들자 태양은 노인이 어떻게 나올지 궁금해졌다.

'오호, 이 노인네 제법인 걸. 미소 한 번 짓는 것으로 손님의 화를 무마시키다니. 하지만 미소만으로는 무리가 있을 텐데. 뭐라고 변명을 하려나. 말도 안 통할 텐데.'

그때 데이비드가 입을 열었다. 아주 유창한 영어가 흘러나왔다. 순간 너무 놀란 태양은 데이비드의 얼굴을 바라보았다. 그 사이 한껏 찌푸리고 있던 영국인의 얼굴이 펴지며 보일 듯 말 듯 미소가 번졌다. 데이비드는 몸을 돌려 태양에게 말했다.

"정성껏 손님을 대접하게나. 상차림 시간이 1분을 넘어서는 절대 안 되네."

"알겠습니다."

1층으로 내려가는 엘리베이터 안에서 태양이 쭈뼛쭈뼛 입을 열었다.

"저기, 아까 외국 손님에게 뭐라고 하신 겁니까?"

"뭐라고 했을 것 같은가?"

"응, 뭐, 죄송하다, 하지만 음식은 맛이 있다, 대충 이 정도?"

"그래. 대충 그렇지. 그런데 왜 묻나?"

"영어를 정말 잘하셔서요."

"호텔에서 일하려면 기본이지. 자넨 몇 살인가?"

"저요? 스물넷입니다."

"한참 좋은 나이로군. 뭐든지 할 수 있는."

"그렇게 좋은 나이는 아닌데요."

태양이 머뭇거리며 말했다. 노인이라 그런지 참 한가한 소리를 한다는 생각이 들었다. 그때 '땡' 하는 소리와 함께 엘리베이터 문이 열렸다. 1층 로비였다. 엘리베이터에서 내리는 데이비드가 부드러운 목소리로 말했다.

"자네 칼솜씨가 좋더군. 부 주방장이 자네에게 한 잔소리는 사실 칭찬이야. 계속 노력할 가치가 있지. 그리고 말야, 모든 일에는 미젼플라세가 중요해. 그걸 잊지 말게."

프런트에서 일어난 소동

흰 모자를 쓰며 태양은 슬그머니 주방문을 열었다. 이미 모든 요리사들이 분주히 일을 하고 있었다. 음식을 데우고 익히고 볶고 삶는 불의 열기로 오늘도 주방 안은 무척 무더웠다. 칼 소리와 그릇 부딪치는 소리, 주고받는 말소리, 지글거리는 소리가 넓은 주방 안에 가득 찼다. 태양은 발소리가 나지 않게 살금살금 주방장 곁으로 가 다소곳하게 인사했다.

"안녕하세요."

간단히 고개만 끄덕인 주방장은 턱으로 조리대를 가리켰다. 오늘 아침 들어온 식재료들이 한가득 쌓여 있다. 야채, 해산물, 건어물, 과일 그리고 부재료들.

"다른 건 놔두고 야채 먼저 씻도록 해."

태양은 망에 담겨 있는 야채를 들어 커다란 개수대에 넣고 수도꼭지를 틀었다. 차가운 물이 콰르르 쏟아졌다. 이것이 오늘 하루 그가 해야 할 일이었다. 오늘은 칼 한번 잡아 보지 못하고 불 한번 지펴보지 못하고 오직 씻고 청소를 하는 일에만 매달려야 했다.

팔꿈치까지 올라오는 주방 장갑을 끼고 상추, 송이버섯, 파프리카, 당근, 부추, 콩나물, 미나리, 치커리, 적겨자, 케일, 브로콜리, 죽순, 비트, 곰취를 씻고 있자니 과연 이 일을 하기 위해 호텔리어가 되었는가 하는 자괴감이 들었다. 고등학교를 졸업하고 조리학원에 들어갔을 때만 해도 태양은 일류 요리사를 꿈꾸었다. 물론 어느 곳에서 일을 하든 처음에는 바닥부터 시작해야 한다는 사실을 잘 알고 있었다. 또 그럴 각오도 되어 있었다.

"난, 365일 내내 빗자루를 들고 주방 바닥만 쓸 자신이 있어."

그러나 그 각오는 서서히 옅어져 갔다. 조리사 자격증을 따고 이 호텔에 입사한 지 벌써 1년째다. 그런데도 여전히 태양의 주 임무는 청소, 씻기, 운반, 설거지 따위였다. 처음 6개월 동안은 칼 한 번 잡아볼 수 없었다. 이제는 대파를 눈 감고 1cm 길이로 잘라낼 수 있을 정도가 됐지만 대파 썰기조차도 주방이 아주 바쁠 때만 태양에게 차례가 돌아왔다.

태양은 묵묵히 야채를 씻으며 오전 시간을 보내고, 청소를 하고 설거지를 하고 과일을 씻으면서 오후 시간을 보냈다. 그러다 보니 어느새 퇴근할 시간이 되었다.

"수고들 했어. 이제 그만 퇴근들 하세요. 야간 당직자는 밥 먹고 오고."

태양은 개수대를 깨끗이 닦고 물품들을 정리한 뒤 선배 요리사들에게 인사를 했다. 야간 당직자 세 명만 남고 나머지 사람들은 옷을 갈아입기 위해 로커로 갔다. 태양이 셔츠를 꺼내 입을 때 누군가 문을 열고 소리쳤다.

"정태양, 이 통을 커피숍에 가져다주고 퇴근하게."

"넷, 알겠습니다."

잠시 후 태양은 조리통을 들고 1층 로비로 올라갔다. 프런트에는 야간 당직자가 꼿꼿이 서서 무언가를 열심히 기록하는 중이었고 호텔 유리문 가까이 데이비드가 있었다. 그때 호텔 회전문으로 손님들이 쏟아져 들어왔다. 머리에 터번을 두른 아랍계 남자 손님 다섯 명이었다. 그들은 먼 곳에서 이제 막 도착한 듯 무척 피곤해 보였고, 왠지 모르게 무척 화가 나 있었다.

그 손님들은 호텔에 들어서자마자 큰소리로 떠들어대기 시작했다. 그러면서 프런트를 향해 무어라고 말했지만 말이 너무 빨라 당직자가 알아들을 수 없었다. 당황한 당직자가 영어로 몇 마디 하자 아랍인들은 더 불쾌한 표정을 지으며 더 크게 떠들었다. 로비 소파에 앉아 있던 손님들이 이 흔치 않은 장면을 보기 위해 고개를 길게 빼들었다.

당황한 당직자가 손짓을 섞어가며 말하려 할 때 출입문 옆에 있던 데이비드가 다가왔다. 태양은 마음속으로 '어떻게 하는지 두고 보자' 는 생각이 들었다. 그러나 데이비드가 입을 여는 순간 태양은 자신의 귀를 의심했다. 데이비드가 아랍어로 이야기를 한 것이었다. 그의 아랍어는 유창하지는 않았으나 충분히 의사소통은 되고 있었다.

그의 몇 마디로 아랍인들이 누그러지기 시작했다. 그러나 대화는 금방 끝나지 않았다. 아랍 손님들은 불만이 아주 많았다. 데이비드는 침착하게 그들의 말을 듣고 간간이 고개를 끄덕이면서 무언가를 설명했다. 이윽고 한 사람이 데이비드에게 손을 내밀어 악수를 청했다. 그 모습을 본 태양은 마치 자신의 문제가 해결된 듯 안도의 숨을 내쉬었다. 데이비드가 당직자에게 지시를 내렸다.

"우리가 큰 실수를 했네. 오늘 이 손님들이 예약되어 있는지 보게."

"있습니다. 그렇지 않아도 오전 근무자가 메모까지 해서 넘겨주었는데, 시간이 한참 지나도 오지 않아 궁금해 하던 참이었습니다."

"이 손님들이 예약을 하면서 호텔 차를 공항으로 보내달라고 했다네. 우리가 예스를 했는데 차가 오지 않았다더군. 그래서 30분이나 기다려 택시를 타고 왔는데, 말이 잘 통하지 않아 고생을 했다는군. 화가 날 만도 하지. 그런데 왜 차가 가지 않았지?"

"그러게요. 우리 호텔 차가 가는 게 아니라 픽업회사에 연락을 했는데, 그곳에서 깜빡한 모양입니다."

"아무튼 제대로 일처리를 못한 셈이군. 우선 이 손님들을 안내하게."

안심하는 당직자를 보면서 태양은 커피숍으로 갔다. 주방 안에서 지배인이 새로 들어온 커피 재료를 펼쳐놓고 누군가와 이야기를 나누고 있었다. 태양은 목을 쭉 빼 지배인의 등에 가려 있었던 깨끗하고 야무진 한 얼굴을 확인했다. 이내 탄성을 지르듯 태양의 입술이 '한가을' 하며 비밀스럽게 움직였다. 태양은 조리통을 든 것도 잊은채 대화에 열중인 그들에게 다가갔다.

"브라질, 콜롬비아, 에쿠아도르, 이 세 가지 정도가 어떨까?"

"저는 매우 좋아요. 우선 이 세 가지로 시작하고 차츰 품목을 늘려 나가요."

오른쪽으로 흘러내리는 머리카락 때문에 가을이 잠깐 고개를 들었다. 그 순간을 놓치지 않고 태양은 슬며시 미소를 지었다. 그러나 가을은 차갑게 외면하며 다시 고개를 숙였다. 얼굴이 새빨개진 태양은 서둘러 통을 주방 안으로 들이밀었다. 가을은 그에게 눈길 한 번 주지 않았다.

씁쓸한 마음으로 1층으로 올라온 태양은 호텔 밖으로 나왔다. 주차장을 빠져나와 약간 경사진 길을 내려갈 때 뒤편에서 은색 아반떼 한 대가 스스로 멈추더니 빵, 클랙슨을 한 번 울렸다. 돌아보니 서서히 내려가는 유리창 밖으로 운전자가 얼굴을 내밀었다. 데이비드였다.

"정태양 군, 퇴근하나?"

태양은 자기도 모르게 얼굴을 살짝 찌푸린 뒤 고개를 끄덕였다.

"집이 어딘가?"

"저기, 한강 너머 보라매 근처입니다."

"그래? 나하고 같은 방향이군. 타게."

태양은 순간 망설였으나 피곤한 몸을 이끌고 버스를 타기가 싫어 차에 올랐다.

"고맙습니다. 차가 깨끗하네요. 반장님 차인가요?"

"왜, 나는 차가 있으면 안 되나?"

"아닙니다. 그런 뜻이 아니라 나는 언제나 차를 사나 하는 생각이 들어서요."

"그건 고민거리가 아니지. 차가 필요하면 내일이라도 사면 돼. 필요가 없으면 사지 말아야 하고. 크고 좋은 차가 아니면 어떻나? 언제부턴지 우리나라는 차 크기로 사람 크기를 평가해 버린단 말이야."

태양은 노인이 일장연설이라도 할 것 같아 곤란한 기분이 들었다. 데이비드가 계속해서 말을 이었다.

"자네 꿈이 뭐지? 좋은 차를 타는 거?"

몸이 피곤하니 노인의 말이 귀찮게만 들렸다. 차라리 귀를 틀어막을까, 아니면 내려달라고 할까 고민하며 대답했다.

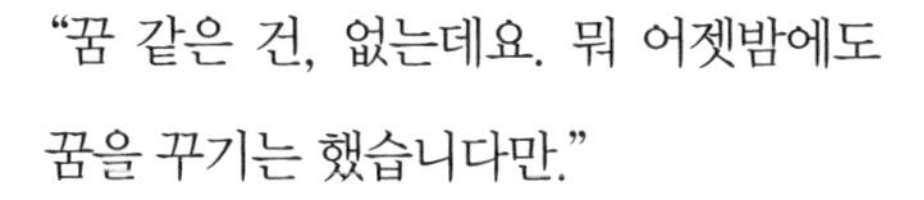

"꿈 같은 건, 없는데요. 뭐 어젯밤에도 꿈을 꾸기는 했습니다만."

"꿈이 없는 청춘은 나침반 없이 항해하는 배와 똑같은 거야."

"나침반이 모든 배에 필요한 건 아니잖아요. 낙동강 처녀 뱃사공에게 나침반이 뭐가 필요하겠어요."

"하하, 날카로운 대답인데. 하지만 큰 바다로 가려면 나침반이 꼭 있어야 해. 자네도 꿈이 있어야지."

태양은 이 노인네에게는 못 당하겠다는 생각이 들었다.

"꿈이 있기는 한데 많이 배우지도 못했고, 가진 돈도 없고……."

태양의 말을 가로막으며 데이비드가 말했다.

"돈이라고? 그렇지! 돈은 아주 중요하지. 하지만 말이야, 돈은 사실 아무 문제가 아닐 수도 있어. 이거 아나? 옛날에 미국에 한 소년이 살았어. 작은 마을에 사는 일곱 살 먹은 소년이었는데 형제들이 자그마치 12명이었지."

데이비드는 잠시 멈추었다가 말했다.

"자그마치 12명이었다고."

태양은 자신도 모르게 얼굴을 찌푸렸다.

"아버지는 푸줏간을 했다네. 원래 아버지는 캐나다에서 구두장이 일을 했는데 먹고 살기가 힘들어 가족들을 데리고 미국으로 건

너온 거지. 소년은 일곱 살에 초등학교에 들어갔는데 매일 아침 다섯 시면 일어나 형들과 함께 식당에 고기를 배달해야 했어. 생각해 보게. 그 소년이 얼마나 힘들었겠나."

"힘이야 들었겠지만. 뭐 고기는 실컷 먹었겠네요"

불만이 섞인 태양의 말투를 눈치 챘는지 못 챘는지, 아무튼 데이비드는 아랑곳하지 않고 이야기를 계속해 나갔다.

"그나마 12살에는 초등학교마저 중퇴를 하고 아버지의 가게에서 일을 해야 했어. 그러다 문득 이렇게 살아서는 안 되겠단 생각에 형과 함께 집을 나와 떠돌아다니며 노래를 부르면서 돈을 벌었지. 그땐 영화라는 게 막 만들어져 알려질 때였는데, 영화에 흥미를 갖는 사람들이 아주 많았지. 소년은 그 일이 돈벌이가 되겠다 싶어 형 셋과 함께 주머닛돈을 털어 에디슨이 만든 중고 영사기를 하나 샀어. 그걸 가지고는 동네를 돌아다니며 영화를 상영했어. 작은 마을을 돌아다니며 학교 강당이나 교회에서 상영을 했다네. 영화가 의외로 재미있어서 많은 돈을 모을 수 있었지. 그 돈을 가지고 자기들이 직접 영화를 만드니 돈이 더 많이 벌렸지. 그렇게 돈을 번 형제들은 극장을 세우고 영화사를 세울 수 있었어. 막내는 잭 워너, 셋째는 사무엘 워너, 둘째는 앨버트 워너, 첫째는 해리 워너일세. 그들이 세운 영화사 이름이 무언지 아나?"

태양은 고개를 저었다.

"아니요, 모르겠습니다."

"그 친구들을 모두 합하면 워너 형제들 아닌가, 영어로 뭐겠나?"

"아! 워너브러더스."

"그래. 영화사에 길이 남을 영화들을 정말 셀 수 없이 많이 만들어낸 영화사지."

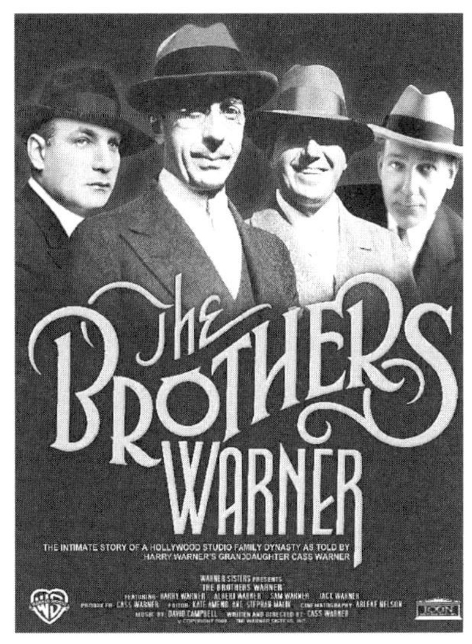

워너 형제들은 가난을 딛고 자신들의 이름을 붙인 세계적인 영화사를 세웠다.

태양은 고개를 끄덕였다.

"하지만 중요한 건 그게 아니야. 진짜 핵심은 그 형제들이 꿈을 꿨다는 거야. 부유한 집안에 태어나고 일류대학을 나왔다고 성공하는 게 아니야. 그런 건 꿈을 꾸는 거에 비하면 정말 아무것도 아니야."

"그, 그렇겠죠."

태양은 감명을 받았다는 표정을 지었으나 마음속으로는 투덜거렸다. 이 사람은 왜 이렇게 말이 많은 거지? 내게 이런 설교를 해대는 이유가 뭘까?

그림을 그리지 않은 아이들

데이비드는 빨간 신호등 앞에서 부드럽게 차를 멈추며 물었다.

"자네 유치원 다녔나?"

"유치원요?"

도대체 이런 질문을 하는 이유를 모르겠는 태양은 건성으로 대답했다.

"유치원은 누구나 다 다니잖아요."

"나도 유치원을 다녔다네."

"네, 그러셨겠죠. 어련히."

"옛날엔 내 또래 사람들이 유치원에 다니기란 정말 어려운 일이었지."

"집이 부자였나 봅니다."

"부자였을 수도 있고 가난했을 수도 있겠지. 내가 유치원에 다닐 때 하루는 이런 일이 있었어. 어느 금요일 오후였는데, 유치원이 끝나기 전에 선생님이 말씀하시더군. '월요일에 올 때 그림을 한 장씩 그려오세요. 그림을 그려오면 전부 상을 주겠어요.' 그래서 나는 알림장에 '그림 그려오기' 라고 적었지. 그런데 말이야, 옆반 친구와 함께 집에 가는데 뜻밖의 사실을 알게 됐어. 그 반 선생님은 아이들에게 그림을 그려오라는 말을 하기는 했지만 상을 준다는 말은 하지 않았어. 그냥 좋아하는 그림을 한 장씩 그려오라고만 했다는 거야."

"왜 그랬을까요? 서로 조건이 다르네요."

"그렇지. A반의 학생들에게는 그림을 그려오면 무조건 상을 주겠다고 했고, B반에게는 그림을 그려오되 상 같은 것은 아예 언급도 하지 않은 거지. 그런데 월요일에 어떤 결과가 벌어졌는지 아나?"

"어떤 결과라니요?"

"어떤 반 아이들이 그림을 더 많이 그려왔을 것 같나?"

"그거야 당연히 상을 주겠다는 반 아이들 아닌가요? 그림만 그려오면 무조건 상을 주겠다고 했으니까요."

"그렇게 생각하기 쉽지. 하지만 결과는 반대였어. 상을 준다는 말을 하지 않은 반 아이들이 그림을 더 많이 그려왔어."

"오호! 놀라운 반전인데요. 왜 그랬을까요?"

"그 실험은 일종의 심리실험이었지. 10군데가 넘는 유치원에서 그 실험을 했는데 모두 똑같은 결과가 나왔어. 그 실험은 간단히 말해서 의지와 보상에 관한 실험이었던 거지. 자발성과 강제성에 관한 실험이기도 하고."

"좀 어렵네요."

"전혀 어렵지 않아. 난 선생님 말을 듣고 집에 와서 그림을 그리려고 했어. 무조건 상을 준다고 했으니 상은 받아야 하지 않겠나.

그런데 웬걸, 그림이 전혀 안 그려지더군. 의무감으로 그려야 한다고 생각하니까 의욕이 없어진 거야. 내가 그림을 그리려던 건 재미나 행복이 아닌 상을 받기 위한 거였으니까. 재미가 너무 없어서 난 결국 그림 그리는 걸 포기했어. 나뿐만 아니라 많은 아이들이 그랬지. 하지만 상에 대해 아무런 말도 듣지 않은 아이들은 대부분 그림을 그려왔어. 저절로 우러나는 즐거운 마음으로 그림을 그린 거지."

"아, 그렇군요. 하고 싶은 일을 하는 사람은 즐거운 마음으로 그 일을 하고, 의무감으로 하는 사람은 그 일을 마지못해 하거나, 아예 하지 않는다는 뜻이네요."

"맞아. 아침에 일찍 일어나 조깅을 하는 사람이 있다고 생각해 보게. 그에게 어떤 사람이 '매일 아침 조깅을 할 때마다 내가 만 원씩 주겠소' 라고 제안을 하면 대부분의 사람들은 일석이조라고 생각하지. 운동도 하고 돈도 벌고. 하지만 얼마 지나지 않아 사람들은 조깅을 그만두게 돼. 조깅을 하는 것이 자신을 위한 것이 아니라 돈을 위한 것이라는 생각이 들기 때문이지. 그렇게 되면 조깅이 의무가 되고 부담이 되고, 돈 때문에 운동을 한다는 생각이 들어 씁쓸한 기분을 떨쳐 버릴 수 없는 거야."

태양은 고개를 끄덕였다.

"중요한 것은, 어떤 일을 할 때 스스로가 즐거운 마음으로 그 일을 해야 한다는 거야. 왜냐하면, 내 인생은 내 것이니까."

이번에는 진심으로 고개를 끄덕였다.

"아 참, 전에 말씀하셨던 미젼플라세는 무슨 뜻이죠?"

데이비드는 고개를 돌려 싱긋 웃었다. 질문을 해주어 고맙다는 표정이었다.

"호텔에서 일하는 사람이라면 꼭 알고 있어야 하는 용어지. '모든 것이 미리 준비된 채 제자리에 있어야 한다'는 뜻이야. 호텔 문을 열기 전에 준비를 완벽하게 끝내 놓아야 하는 상황을 이르는 말이라네. 미래를 위해 지금 철저하게 준비하라는 뜻이지. 살아가는 동안 꿈을 이루려면 완벽하게 준비를 해야 해. 호텔에서 일하게 된 후 나는 미젼플라세를 행동지침으로 삼았어. 태양군은 미젼플라세가 되어 있나?"

태양은 머뭇거리다가 슬그머니 고개를 돌려 창밖을 바라보았다.

27세, 여, 사무직의 버킷리스트

성경을 처음부터 끝까지 읽는다.
아프리카, 인도를 여행하고 사진전을 연다.
아프리카에 작은 도서관을 짓는다.

35세, 남, 무직의 버킷리스트

정기적으로 부모님에게 용돈 드리기
과속 카메라 앞에서 가속 페달 밟기
유급휴가 보내기
매일 아침 일찍 출근하기

- 내 스스로 가장 즐겁게 했던 일은 무엇인가?
  5시간이 지났는데도 마치 5분처럼 느껴졌던 일이 있었는가?
  그때는 어떤 상황에서 무엇 때문에 그렇게 몰입했는가?

- 어쩔 수 없이, 억지로 해야 했던 일이 있었는가?
  그 일을 꼭 해야만 했던 이유와 즐겁지 않았던 이유를 써보자.

- 준비에 실패하면 실패를 준비하는 것이다.
  미션플라세를 위해 나는 지금 무엇을 준비하고 있나?

- 현재 내가 하고 있는 일의 의미와 재미를 동시에 느끼고 있는가?
  내가 하고 있는 일이 재미가 없다면 의미도 없다.
  내가 하면 재미있을 일은 무엇이라고 생각하는가?

사신을 만난 하인

- 언제나 사랑하고 있는 사람은 불평을 늘어놓거나 불행에 빠지거나 할 겨를이 없다.
  쥬베르

- 인생에 있어 가장 중요한 것은 실패했다고 해서 낙심하지 않는 일이며, 성공했다고 해서 기쁨에 도취되지 않는 것이다.
  도스토예프스키

"찌르릉!"

문 위 비상벨이 울렸다. 주방 바닥을 쓸던 태양은 고개를 들어 시계를 보았다. 오후 2시 20분. 벽에 붙은 비상벨이 요란하게 반짝거렸다. 비상벨은 한 번 울린 뒤 멈추었다가 두 번 연거푸 계속 울렸다. 칼질을 하던 요리사 한 명이 반짝이는 비상벨을 바라보며 말했다.

"무슨 일이 생겼나봐."

"무슨 일요?"

"저 비상벨은 고위 간부를 일제히 호출할 때 울리는 거야. 일일이 간부들에게 전화하기 어려울 때 한꺼번에 내리는 소집 신호지. 굉장히 특별한 일이 갑자기 발생했거나 최고급 VIP 손님이 예고 없이 들이닥칠 때나 울리는 거야."

그러자 다른 요리사도 맞장구를 쳤다.

"어쩌면 대통령이 왔는지도 몰라. 하지만 뭐 우리야 음식만 맛있게 만들면 되지."

일손을 멈추었던 요리사들은 다시 자신의 일로 돌아가고 태양은 빗질을 마저 했다. 다를 것이 없는 지루하고 평범한 하루가 그렇게 흘러가고 있었다.

저녁 8시, 태양은 호텔을 나왔다. 밤하늘을 올려보며 주차장을 지날 때 누군가가 어깨를 두드렸다. 홍모래였다.

"지금 퇴근하는 거야?"

태양은 대답 대신 고개를 끄덕였다. 하루 종일 주방에서 청소와 설거지만 했기 때문에 기분이 우울했다. 그의 어깨를 두드리며 모래가 위로하듯 말했다.

"충격적인 일이기는 하지만 너무 우울해하지는 마."

"충격적인 일? 무슨 일 있었어? 누가 죽기라도 했대?"

"뭐야, 너 소식 못 들었어?"

"무슨 소식?"

모래가 정색을 하며 말했다.

"1202호 손님이 오후에 투신자살 했어."

"응? 언제? 왜? 남자야 여자야? 왜? 진짜 죽었어?"

태양은 깜짝 놀라 연달아 물었다.

"12층에서 떨어졌으니 즉사였지. 사고사가 아니니까 우리 잘못은 없지만, 유서가 발견됐대. 40대 후반 남잔데, 3일 정도 혼자 있었대, 점심까지 잘 먹었지. 그 다음에 뛰어 내린거야."

"어떻게 창에서 뛰어내렸지? 우리 호텔은 창문을 완전히 열 수 없잖아. 사고사나 투신자살을 막으려고 창문이 조금만 열리도록 돼 있는데."

"공구를 가지고 와서 창문을 뜯어냈대. 죽으려고 준비를 철저히 한 거지."

"하긴, 죽으려고 마음을 먹은 사람은 아무리 옆에서 감시를 해도 막을 수 없지. 그런데 왜 하필이면 호텔에서 죽었지?"

"이승에서의 마지막을 우아하게 마무리 짓고 싶었던 거겠지."

태양은 공감이 가는 듯 고개를 끄덕였다.

"근데 왜 죽었을까?"

"그야 뻔하지, 40대 후반의 남자가 자살하는 이유 태반이 사업실패 아니겠어? 아니면 인생이 통째로 실패했던가."

"그나저나 남은 가족들 어떻게 하냐? 엄청 슬퍼할 텐데."

모래가 시니컬하게 대꾸했다.

"아닐 수도 있지."

"야, 무슨 말을 그렇게 하냐? 사람이, 그것도 가족이 죽었는데 당연히 엄청 슬프겠지."

"대부분은 그렇겠지. 하지만 그렇지 않을 수도 있어. '차라리 잘 죽었어. 죽는 게 도와주는 거야' 라는 말이 괜히 있는 줄 알아? 어쩌면 그 사람이 죽어서 홀가분한 가족도 있을지 몰라."

"야, 왜 그렇게 삐딱해. 대체 네가 하려는 얘기가 뭔데?"

"뭐, 딱히 생각나는 건 없는데, 죽음을 인정받으려면 죽는 순간도 의미가 있어야 하지 않을까 생각한 거야. 자신에게나 타인에게나."

그 말에는 태양도 고개를 끄덕였다.

"어떤 삶이 의미가 있는 거지? 죽음의 순간에?"

"그거야 각자가 생각하기 나름이겠지. 삶이나 죽음이나 모두 각자의 몫이잖아."

태양은 모래와 헤어져 호텔 후문을 나섰다. 쌀쌀한 가을바람이 얼굴을 스쳤다. 죽음에 대한 생각이 머릿속을 떠나지 않아 태양은 마음이 무거웠다. 옥외주차장 게이트 옆에서 주차반장이 늦은 저녁인데도 차단기를 닦고 있었다. 60대 초반인 그는 이 호텔에서 60대를 넘은 몇 안 되는 계약직 직원 중 한 명이었다. 그 옆에 데이비드가 서 있었다.

"안녕하세요? 반장님."

주차반장이 고개를 들고는 태양을 향해 미소를 지었다. 인사를 건네는 태양에게 데이비드가 물었다.

"태양 군, 집에 가는 길인가?"

"네."

"그러면 나와 함께 가지, 나도 이제 집으로 가는 길이거든. 내가 태워 줄 게."

태양은 머뭇거렸다.

"미안해하지 않아도 돼. 어차피 같은 방향이잖아."

차가 게이트를 빠져나와 사거리에 올라서자 데이비드가 입을 열었다.

"주차반장이 많이 놀랐다더군."

"왜요?"

"12층에서 자살한 사람, 그 사람이 바로 앞에 떨어졌거든."

"저런! 정말 놀랐을 거 같아요."

"최초 목격자가 된 셈이지. 한 사람의 죽음을 생생하게 목격한. 호텔에서는 조퇴를 하라고 했지만 참고인도 있어야 하고, 집에 가는 게 더 무섭다며 계속 일을 했다더군."

"저 같으면 절대로 그렇게 못했을 거 같아요. 도대체 사람들은 왜 자살을 하는 거죠?"

"이유야 많지. 극단적인 우울증, 자기혐오, 버림받았다는 생각, 고칠 수 없는 질병, 사업 실패, 과도한 빚, 절망, 충동, 외로움, 소외감, 결백, 지긋지긋한 가난, 성적, 왕따……."

"……."

"하지만 사실 원인은 한 가지야."

"한 가지요? 뭐죠?"

"자기 자신을 이기지 못한 것, 자살 원인은 결국 이 한 가지뿐이야."

"그런가요, 그래도 뭔가 다른 게 있을 거 같은데."

"이유가 뭐가 됐건 스스로가 스스로를 감당할 수 없게 된 거지."

"네."

태양은 쓸쓸한 마음이 들어 차창 밖을 바라보았다. 거리를 오가는 사람들을 바라보고 있자니 문득 저 사람들은 자기 자신과의 싸움에서 이기고 있는지 궁금해졌다. 태양이 데이비드를 보며 물었다.

"늘 죽을 각오가 되어 있다는 건 좋을까요?"

"좋은 것은 아니겠지만, 갑자기 찾아 온 죽음을 담담하게 맞을 수는 있겠지."

"어떻게 죽는 게 가장 좋을까요?"

"죽음을 생각하기 전에 먼저 생각해야 할 게 있어. '어떻게 죽어야 할까'가 아닌 '어떻게 살아야 할까'를 먼저 생각해야 하네. 우리에게는 아직 죽음보다는 삶이 훨씬 더 중요하니까."

태양은 피식 웃었다.

"사는 게 더 중요하다는 것쯤은 누구나 알아요."

"그래서, 자네는 지금 그 삶을 소중히 여기고 있나?"

"말이 그렇다는 거죠. 뭐. 그렇게 일일이 따지면 제가 할 말이 없는데요."

"하하. 자네를 나무라는 건 아니야."

"음, 그런데요. 멋진 삶에 어울리는 멋진 죽음이 정말 있기는 할까요?"

"최선을 다한 후의 죽음이면 좋겠지. 그런데 그 전에 죽음에 대해 알아야 할 게 있네."

"죽음은 그저 죽음 아닌가요? 죽음은 이 세상에서 사라지는 것 아닌가요? 더 이상 알아야 할 게 있나요?"

차가 천천히 오른쪽으로 돌았다. 길은 약간 한산했다.

"죽음에 대한 재미있는 이야기 하나를 들려주지. 옛날, 바그다드에 한 하인이 살았다네. 하루는 그 하인이 주인 심부름으로 시장에 나가 과일가게엘 들어갔는데, 한 손님이 깜짝 놀라 자신을 뚫어지게 바라보았어. 그 손님은 바로 죽음의 사신이었지. 놀란 하인은 부랴부랴 집으로 도망을 쳐왔어. 그러고는 주인에게 '저는 이제 하인 노릇을 그만두고 고향인 싸마라로 돌아가겠습니다'라고 말하고는 허겁지겁 짐을 챙겼다네. 주인이 당황해서 왜 그러냐고 묻자 시장에서 죽음의 사신을 본 이야기를 했지. 그러고는 싸마라로 가버렸다네. 화가 몹시 난 주인은 시장으로 뛰어가서 죽음의 사신을 붙잡고 따졌어. '왜 내 하인을 노려보았느냐, 그를 보고 깜짝 놀란 이유가 무엇이냐'고. 그랬더니 죽음의 사신이 이렇게 대답했다네. '하인보다 내가 더 놀랐습니다.' 사신은 죽음의 장부를 보여주면서 '그 하인은 오늘 저녁에 싸마라에서 데려가기로 되어 있습니다. 그런데 여기 바그다드에 나타났으니 내가 놀랄 수밖에요.' 이렇게 말했다네."

태양은 무릎을 쳤다.

"그 하인이 그냥 바그다드에 머물러 있었으면 죽음의 사신을 피할 수 있었을 텐데요."

"그랬겠지. 그런데 스스로 죽음을 찾아간 게지. 우리 모두가 그 하인과 마찬가지일세. 결국엔 죽음의 손길을 피할 수 없는 거야. 그리스의 철학자 세네카는 '죽음이 언제 어떠한 곳에서 우리를 기다리고 있는지 모른다. 그러므로 우리는 어떠한 곳에서도 죽음을 맞아들일 준비를 해야 한다' 라고 말했지."

10달러 보다 소중한 20분

태양은 창밖의 사람들을 응시하며 고개를 끄덕였다.

"그렇긴 하지요. 길을 걷는 저 사람이 1시간 후에 죽을 수도 있겠지요. 하지만 늘 죽음을 생각하고 살 수는 없지 않나요? 저처럼 젊은 사람이 죽음을 머릿속에 넣고 산다면 사는 것 자체가 우울할 거예요."

"물론 언제나 죽음에 대해 생각해야 할 필요는 없어. 그러나 죽기 전에 할 일들이 있다는 건 알고 있어야지."

"무슨 일요? 사실 사람들은 매일 무슨 일인가를 하잖아요. 잠을 자고, 밥을 먹고, 차를 타고, 일을 하고, 이런 일들을 매일 하지 않나요?"

"그건 삶을 유지하는 수단일 뿐이야. 그게 목적은 아니지. 투신자살을 한 남자는 죽기 전에 식당에서 점심을 먹었다더군. 빈스크림왕새우와 연어까르파치오, 뿔린느 몽라쉐 와인으로."

"마지막 식사를 정말 근사하게 했네요. 저는 설거지 하느라 그 음식이 조리되는지도 몰랐어요. 뿔린느 몽라쉐는 좋은 와인이죠."

"그리 비싸지는 않지만, 마지막 와인으로는 선택할 만하지. 어쩌면 평소에 그 사람이 즐겨 먹던 와인이었을 수도 있고."

"곧 죽을 사람이 왜 그리 비싸고 멋진 점심을 먹었을까요? 그렇게 맛있는 걸 먹으면 살고 싶은 욕심이 생길 텐데."

"호텔에서의 마지막 식사가 그 사람의 마지막 소원이었는지도 모르지."

"설마 '호텔에서의 점심'과 '그리 비싸지 않은 와인'이 그 사람의 마지막 소원이었을까요?"

"죽음을 눈앞에 둔 사람의 소원은 아주 시시하거나 평범한 것이 대부분이지. 루이 16세 이야기를 아나?"

"혹시 마리 앙투아네트 남편 아닌가요?"

"하하, 그래 맞아. 루이 16세는 앙투아네트의 남편이자 프랑스 혁명 때 처형된 왕이지. 국민이 원하는 걸 제대로 파악하지 못했던 그 사람은 단두대에서 생을 마감했어. 그런데 그 사람 마지막 소원이 뭔지 아나?"

"아무래도 한 나라의 왕이었으니까 품위 있는 죽음을 원했겠죠."

"품위 있는 죽음은 불가능했지. 그가 마지막으로 원한 것은 맛있는 식사였어. 그는 잘 차려진 성대한 식사를 마치고 단두대에 올라 '내 피가 프랑스 국민을 행복하게 할 수 있기를 희망한다' 고 말하고는 화려하고 격정적인 삶을 마감했다네."

"슬픈 일이네요. 단두대에서 목숨을 잃을 사람이 맛있는 식사를 원하다니."

"죽음은 모든 것을 가능하게 하지. 또 죽음을 눈앞에 둔 사람은 커다란 것을 원치 않아. 혹시 손영민이라고 아나?"

"손영민요? 모르는 사람입니다."

"자네 나이는 모를 수 있지. 그 사람은 탤런트이면서 영화배우였다네. 아역배우로 데뷔해서 1970년대에 이름을 날렸지. 그런데 어느 날 그 사람이 연예계에서 사라졌다네. 그러다가 10여 년이 지나 갑자기 텔레비전에 모습을 드러냈지."

"연예 활동을 재개했나요?"

"대부분의 사람들은 그렇게 생각했지. 그러나 실은 위암 말기 진단을 받았다더군. 4개월 판정을 받았어."

"4개월요? 아, 너무 짧네요."

"애석한 노릇이지. 그런데 방송국에서 죽음을 앞둔 그를 인터뷰 하면서 여러 가지를 물었는데 그중 하나가 '죽기 전에 꼭 한번 해 보고 싶은 일이 무엇인가?' 였어."

"질문이 좀 잔인하네요."

"어떤 의미에선 잔인하다고 할 수 있지. 하지만 그런 질문을 한 의도를 알아야 하네. 만약 자네 삶이 4개월밖에 남지 않았고, 딱 한 가지만 할 수 있다면 무얼 하고 싶은가?"

"생각해보지 않았는데요. 전 아직 젊잖아요."

"그렇지, 누구나 그렇게 생각한다네. 죽음은 자기와 관계없는 일이라 여기고, 시간은 많다고 생각하지. 하지만 정말 시간이 많을까?"

"정말로 너무 많아서 지겨운데요."

"혹시 <마지막 강의>라는 책을 읽어보았나?"

"반장님은 제게 너무 많은 걸 요구하시네요. 책은 좀 따분한데요."

"아무리 따분해도 책을 읽지 않으면 인간으로서의 품위가 없어 진다네. 어떤 책이든 좀 읽어보게."

"뭐, 그렇게 하죠. 그런데 <마지막 강의>가 어쨌다는 거죠?"

"그 책은 랜디 포시라는 사람이 썼어. 미국 카네기멜론대학의 컴퓨터공학과 교수지. 그는 어느 날 자신이 췌장암에 걸렸다는 사실을 알았지. 시한부 인생을 사는 그가 어느 날 슈퍼마켓에서 물건을 샀다네. 밖으로 나와 무심코 영수증을 보니 계산이 잘못 되었더군. 예컨대 10달러 정도를 더 지불한 거지. 자네 같으면 어떻게 하겠나?"

"당연히 다시 슈퍼마켓으로 돌아가 돈을 돌려받아야죠."

"대부분 그렇게 하지. 하지만 그는 돌아가지 않았어. 왜 그런 줄 아나?"

"음, 교수니까 그 정도 돈은 문제가 안 됐나 보죠. 아니면 소심했거나."

"사실 돈은 그에게 중요하지 않았어. 그에게 가장 중요한 것은 시간이었지. 10달러를 되돌려 받기 위해 다시 슈퍼마켓으로 가면 적어도 20분을 소비해야 해. 그에게 20분은 너무 아까운 시간이야. 그 20분 동안 얼마든지 가치 있는 일을 할 수 있는데 돈을 돌려받기 위해 낭비하기는 싫었던 거지. 시간은 그만큼 소중한 거야."

태양은 묵묵히 고개를 끄덕였다.

"돈, 학력, 명예보다 중요한 것은 시간이야. 어떤 의미에선 사랑

랜디 포시는 죽음을 앞두고 우리에게 많은 희망을 주었다.

보다 더 중요할지도 몰라."

"음, 뭐 그럴 수도 있겠네요. 그런데 그 탤런트는 뭐라고 대답했습니까?"

"아! 바다를 보고 싶다고 했어."

"바다? 겨우 바다요? 마지막 소원인데 겨우 바다를 보고 싶다고 했다고요?"

"겨우가 아니지. 그 사람에게 바다는 삶을 마무리하는 모든 것이었지. 탁 트인 바다, 파도가 밀려오는 바다, 흰 모래사장. 그곳에 새겨져 있는 아름다운 추억을 되새겨주는 매개체였지. 죽음을 눈앞에 둔 사람의 소원은 그렇게 거창한 것이 아닐세. 자네 버킷리스트라고 들어보았나?"

"버킷리스트. 처음 듣는 단어예요. 바구니 목록 같은 건가요? 아니면 블랙리스트 같은 거?"

"블랙리스트는 좋지 않은 의미니까 그것을 뒤집으면 되겠군."

"그럼 좋은 건가 봐요?"

"좋은 것인지, 나쁜 것인지는 자네가 판단해야지. 버킷리스트라는 영화가 있으니 꼭 보게나. 자네 또래의 청년들이 좋아하는 액션 영화는 아니지만 누구나 한번은 보았으면 하는 영화야."

"그렇지만 그건 결국 영화일 뿐이잖아요. 영화에서 못할 게 뭐 있나요."

"내 나이가 돼보면 알겠지만 현실에선 워너 형제들이 만든 영화들보다 훨신 더 영화 같은 일들이 많이 벌어진다네."

"그래도 어쨌든 세렝게티 같은 곳에서 사냥을 하거나 벤츠를 사려면 돈이 많아야 하지 않나요? 결국 버킷리스트는 돈 많은 사람들의 허세 아닙니까? 에베레스트에 오르는 것이 인생의 목표 중 하나라 해도 평범한 사람들이 어떻게 에베레스트를 가죠?"

"물론 세렝게티에 가거나 에베레스트에 오르는 것은 그리 쉬운 일이 아닐세. 그러나 버킷리스트는 꼭 그렇게 거창한 것만은 아닐세. 아주 작은 것이 더 많다네."

"이를테면 뭐죠?"

"얼마 전에 한 방송국에서 <버킷리스트- 나와의 약속>이라는 프로그램을 방영한 적이 있어. 그 프로그램에 나오는 청년이 죽기 전에 꼭 하나 해보고 싶은 일은, 뒷동산에 오르는 것이었지."

"……."

"우리에게는 너무나 사소한 일이 그 청년에게는 간절한 마지막 꿈이었지. 버킷리스트는 그렇게 사소한 것도 될 수 있어. 그러니 크고 위대한 것만 이루어야겠다고 생각하진 말게나. 우선 가장 하고 싶은 일을 떠올려보게. 그게 자네의 진정한 버킷리스트일 테니까."

영화 〈버킷리스트〉는 2008년 제작된 영화로, 감독은 롭 라이너, 주인공은 잭 니콜슨과 모건 프리먼이다. 자동차 정비공 카터(모건 프리먼)는 대학 신입생 시절, 철학교수가 과제로 내주었던 버킷리스트를 떠올린다. 하지만 46년이 지난 지금, 죽기 전에 꼭 하고 싶은 일들을 적는 버킷리스트는 쓸쓸한 추억에 불과하다. 반면 재벌 사업가 에드워드(잭 니콜슨)는 그런 리스트 따위에는 관심이 없다. 그러던 중 두 사람은 우연히 같은 병실에 입원한다.

진정한 꿈을 일깨워주는 영화 〈버킷리스트〉

너무나 다른 두 남자는 서로에게 중요한 공통점이 있다는 사실을 깨닫게 된다. 바로 '나는 누구인가'를 정리할 필요가 있다는 것과 얼마 남지 않은 시간 동안 '하고 싶은 일'을 해야겠다는 것이었다. 의기투합한 두 사람은 버킷리스트를 실행하기 위해 병원을 뛰쳐나가 여행길에 오른다. 세렝게티에서 사냥하기, 문신하기, 카레이싱, 스카이다이빙, 눈물 날 때까지 웃어 보기, 화장한 재를 깡통에 담아 멋진 곳에 놓아두기. 리스트를 차례차례 지워나가면서 두 사람은 삶의 참된 의미를 깨닫게 된다.

42세, 여, 교사의 버킷리스트

턱뼈가 빠지도록 실컷 웃어보기

이탈리아의 해변을 걷다가 레스토랑에서 스파게티 먹기

서재를 내가 쓴 소설로 가득 채우기

16세, 여, 고등학생의 버킷리스트

학생회장 오빠와 콘서트 가기

아이폰 갖기

내가 원하는 대학 가기

- 지금의 내 삶이 제대로 풀리지 않는다고 생각하는가?
  그렇다면 주로 어떤 점 때문이라고 생각하는가?
  이런 장애 요인을 제거하는 방법은 무엇이라고 생각하는가?

- 평소 내가 존경하는 사람들을 2~3명 찾아보자.
  그 사람들의 삶에서 내가 배워야 할 점은 무엇이라고 생각하는가?

- 앞으로 내가 살 수 있는 시간이 딱 하루만 남았다고 생각해보자. 죽기 전에 딱 한 가지만 할 수 있다면 무엇을 하고 싶은가? 그 이유는 무엇인가?

바보들은 그렇게 말한다

- 서두르지 말고 작은 이익에 한눈팔지 말라.
  서두르면 달성하지 못하고 작은 이익에 눈이 멀면 큰일에 성공하지 못한다.
  논어

- 세상에서 가장 중요한 일은 어떻게 하면
  내가 온전히 나 자신의 주인이 되는가를 아는 일이다.
  몽테뉴

"물론 내 이름은 없겠지."

태양은 게시판을 바라보며 낮은 신음소리를 냈다. 게시판에는 프랑스 시찰단에 뽑힌 직원들 이름이 적혀 있었다. 열흘 일정으로 프랑스의 유명 호텔을 둘러보는 교육 겸 관광이었다. 모두 12명이었는데 그 명단에 홍모래와 한가을이 포함되어 있었다. 명단을 보는 순간 태양은 부러움과 함께 질투심이 일었다.

"흥, 제주도도 한번 못 가봤는데, 누구는 공짜로 프랑스에 가고, 세상 참 불공평하네. 하긴 누가 누굴 탓하냐. 제대로 못한 내 탓이지."

명단을 보며 마음에 일었던 부러움은 질투로, 질투는 자신에 대한 분노로, 분노는 허탈과 체념으로 변해갔다. 분노보다는 차라리 체념이 더 나았다. 어깨가 축 처진 채 태양은 지하로 이어진 계단을 따라 내려갔다. 조리부에서도 두 명이 프랑스 시찰 명단에 있었다.

주방으로 들어서는 태양을 향해 부주방장이 말했다.

"다음 주부터 두 명이 빠지니까 야무지게 해야 해. 더 바빠질 건 알고 있지?"

"……네."

태양은 힘없이 대답했다.

오후 늦게 게시판을 지나치면서 태양은 또 하나의 공고문이 붙어 있는 것을 보았다. 프랑스 시찰자를 대상으로 한 교육일정표였다.

"데이비드 아저씨 이름이 있네."

태양은 걸음을 멈추고 일정표를 천천히 읽었다. 데이비드는 교육자로 이름이 올라 있었다.

"데이비드 아저씨가 프랑스 호텔의 역사와 현황을 교육하네. 그것도 세 시간이나. 데이비드 아저씨는 도대체 정체가 뭘까? 시골 변두리 작은 모텔에서 2,3년 정도 프런트 보다 온 거 같은데, 아무튼 알수록 신기한 사람이야."

"거기서 뭐해?"

어느새 다가온 홍모래가 일정표를 바라보았다.

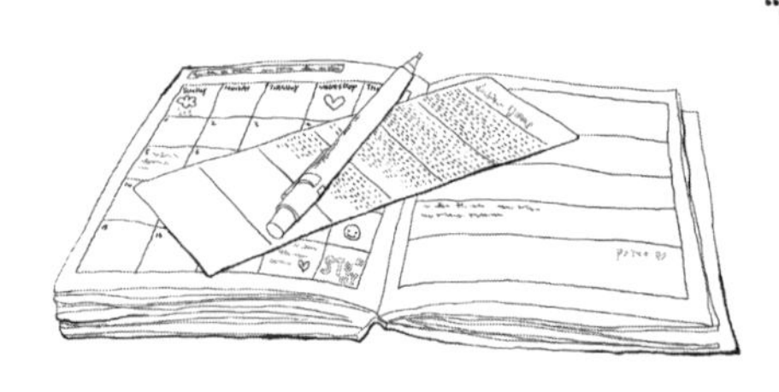

"아, 여기 명단에 데이비드 이름이 있어서. 이 아저씨 말이야. 어디서 뭘 하다 온 사람이야?"

"나도 몰라. 미국에서 왔다던데.

본명은 로버트 데이비드이고 한국 이름은 노다비라던데.”

“노다비? 풉! 이름 진짜 웃긴다. 차라리 노다지라고 하지!”

“네 이름도 만만치 않아! 뭐 어쨌든 대단한 사람인 건 분명해. 호텔에 대해서 모르는 게 없어. 영어뿐 아니라 프랑스어, 독일어도 잘하고, 심지어 아랍어도 해. 인생 전반에 대해서도 척척박사야. 일하면서 여러 가지를 많이 배우고 있지.”

“하지만 그렇게 만사에 척척박사면 재수가 좀 없지 않냐?”

“뭐, 그렇긴 해도……. 재수로 따지면 너도 만만치 않아.”

“뭐라고, 이 자식이!”

둘이 한참 웃고 있는 사이에 뒤에서 또각또각 하이힐 소리가 들려왔다. 한가을이었다. 태양의 두 볼은 스위치를 잡아당긴 전등처럼 금세 붉어졌다. 하지만 가을은 불량품을 확인하는 공장의 검사자처럼 사무적인 얼굴로 가볍게 고개만 끄덕였다. 대신 모래에게는 단짝 친구라도 만난 양 따뜻한 미소를 지어주었다.

“모래 씨, 이번 모임에 참석하는 거죠?”

“네. 다음 달 초로 연기되었다고 하던데.”

“준비를 단단히 하셔야 돼요.”

“네.”

한가을이 엘리베이터 쪽으로 사라지자 태양의 얼굴이 붉으락푸르락 거렸다.

"날 보고는 얼굴이 사색이 되더니 널 보고는 화색이 도네. 왜 저렇게 도도하대?"

"도도한 게 아니라 너한테 딱히 할 말이 없어서 그런 거야."

"날 무시하는 거겠지."

"무시하는 거 아니야. 그냥 관심이 없는 거지."

"그게 더 나빠. 그런데 무슨 모임이야?"

"우리 호텔 젊은 친구들끼리 두 달에 한 번씩 봉사활동을 나가. 이번 달에는 프랑스 시찰이 있어서 다음 달 초로 연기됐어."

"그런 모임이 있었어? 근데 왜 나한텐 그런 말을 한 번도 안 했어? 야, 이거 대놓고 왕따냐?"

모래는 약간 어이없는 표정을 지었다.

"무슨 소리야, 이 모임 처음 시작할 때, 작년 6월인가, 너한테 말했잖아. 근데 싫다며."

"뭐? 그랬었나?"

"네가 거절했기 때문에 가입시키지 않은 거야. 지금이라도 가입하고 싶으면 꼭 참석해. 네가 좋아하는 한가을도 나오니까."

"좋아하기는 무슨. 아무튼 생각해볼게."

불가능합니다

그날 저녁, 태양은 로비에서 데이비드와 마주쳤다.

"오랜만이네. 벌써 일주일이 흘렀나?"

"그렇게 되나요? 시간 참 빠르네요."

"그래, 영화는 봤어?"

"영화요? 어떤 영화를 말씀하시는 거죠? 아! 무슨 리스트라고 그랬는데. 영화 제목이 생각이 안 나서 못 봤어요."

"버킷리스트. 제목을 몰라도 생각이 있었다면 봤겠지. 그저 다른 사람이 보라고 한 거라 그럴 마음이 들지 않았던 걸 거야."

"정말 그런 건지도 몰라요. 전 영화를 아주 좋아하는데 누군가 꼭 그 영화를 보라고 하면 잘 안 보게 되더라고요. 그림을 그려오지 않은 유치원생의 마음을 이해하겠어요."

"어떤 일이든 스스로 마음에서 우러나와야 잘할 수 있는 법이니까. 뭔가를 잘하려면 말이야, 먼저 해야 할 일이 있지."

"먼저 해야 할 일이요?"

"내가 무슨 일을 해야 할지를 결정하는 일이야. 그걸 결정하려면 버킷리스트를 만들어야 해."

"죽기 전에 하고 싶은 일이, 전 아직 없는데요."

"나도 그렇게 생각했네."

“지금 저를 무시하는 건가요?”

“하하, 무시는 무슨. 그저 정태양 군을 처음 봤을 때 그럴 거라는 생각이 들었던 것뿐이야. 사실 그런 소망이 있느냐 없느냐는 그 사람이 처한 상황에 따라 달라지는 거니까. 한번 생각해 보게. ‘자신이 원하지 않는 상황’ 에 처한 사람과 ‘자신이 희망하는 상태’ 에 도달한 사람 중 누가 더 욕망이 많을까?”

“그야 당연히 원하지 않는 상황에 처한 사람이겠죠?”

“아니, 그렇지 않아. 그 반대지. 원하지 않는 상황에 처한 사람은 무언가를 하고자 하는 욕구가 별로 없어. 그 사람의 생각은 온통 ‘어서 빨리 이 상황에서 빠져나가야지’ 하는 것뿐이야. 다른 욕구나 희망을 갖기엔 지금 당장 처한 상황이 너무 절박한 거지. 하지만 자신이 원하는 상황에 있는 사람은 더 큰 희망을 가지고 세상을 바라본다네. 그래서 더 열심히 일하고 더 큰 목표를 세우는 거야.”

태양은 무슨 말인지 알겠다는 듯 고개를 끄덕였다.

“자네가 이 호텔에 입사한 지 1년이 됐네. 그동안 요리사가 되고 싶다는 욕심 그 이상의 욕망을 가져본 적은 없을 거야, 그렇지 않나?”

“네, 사실 인정하고 싶지는 않지만 다람쥐 쳇바퀴 도는 것처럼 호텔 생활이 무의미하기는 했어요.”

“자네가 어떤 시합에 참가했다고 생각해 보게. 사실 시합에서

패한 것은 그리 나쁘지 않아. 어쨌든 참가는 했지 않나. 시합에 진 것보다 시합에 아예 참가하지 않은 게 훨씬 안 좋은 상황이지. 자네는 구경꾼이 되고 싶은 건가?"

"글쎄요, 사실 진다는 건 엄청나게 힘든 상황에 처하게 된다는 거잖아요. 엄청나게 비참해지기도 할 거구요. 그런데도 처참하게 진다해도 시합에 나가는 게 맞는 걸까요? 제가 결론을 내리기에는 쉽지 않은 문제예요."

"그래, 좋은 의문이야. 젊은이답기도 하고. 하지만 그 누구도 자네 의문에 정답을 말해줄 수는 없다네. 그건 자신이 고민하고 찾아내야 하는 문제겠지. 사실 다른 사람들은 대답을 할 수도 없고, 대답을 해줄 여유도 없어. 모두 다 저마다 바쁜 삶을 살고 있잖나."

태양은 힘없이 고개를 끄덕였다.

"그래서 버킷리스트를 작성해 보라는 거야. 버킷리스트는 그 사람의 소망이라고 할 수 있지. 이루지 못했으나 꼭 한번 해보고 싶은 것들. 어떤 의미에서는 '꿈' 이라고 할 수도 있어. 만약 그 꿈을 이루기 위해 진작부터 노력했더라면 충분히 이루었을 꿈들. 하지만 사람들은 대부분 노력도 하지 않은 채 핑계부터 준비해 둔다고."

데이비드는 잠시 말을 멈추었다가 계속했다.

"꿈을 이루지 못했다고 가난을 핑계대면 안 되는 거야. 세상에서 가장 부자로

역사상 손꼽히는 부자로 평가받는 존 D. 록펠러는 가난한 집에서 태어나 세계 제1의 기업을 일구었다.

살았던 사람이 누구였을 거 같나?"

"빌 게이츠 아닌가요?"

"빌 게이츠는 현대의 부자라고 할 수 있지. 정답은 아니야. 그보다 더 부자였던 사람이 있었어. 록펠러라고 들어봤나? 석유왕 말일세. 그가 가장 부자였지. 록펠러는 가난한 집에서 태어났어. 아홉 살 때부터 직접 돈을 벌어야 할 정도로. 하지만 결국 자신의 꿈을 이루었고, 그 과정에서 엄청난 비난도 들었지만 결국엔 세상에서 가장 큰 자선을 한 사람으로 존경을 받게 됐네. 리바이스 청바지는 알겠지? 그 청바지는 리바이스라는 사람이 금을 캐는 탄광촌에서 천막을 찢어 만든 작업복 바지가 시초지. 청바지는 리바이스를 대부호로 만들어주었네. 아디다스를 세운 아돌프 다슬러는 어머니 재봉틀을 빌려 스포츠화를 처음 만들었지. 큰일을 한 사람들 중에는 가난한 집에서 태어난 사람들도 많아. 역경을 극복하는 과정을 통해 꿈을 성취하게 된 거지."

데이비드의 말에 태양은 저도 모르게 살짝 코웃음을 쳤다.

세계적인 청바지의 대명사 리바이스는 탄광촌에서 시작되었다.

"그건 옛날 말이죠. 요즘엔 개천에서 용 나는 건 절대로 불가능한 시대라고요. 가난뱅이는 평생 가난하게, 부자는 처음부터 금 수저를 입에 물고 태어난다는 말 못 들어 보셨어요?"

"부정적이고 비관적인 의식을 가진 사람들은 그렇게 시니컬하게 비웃곤 하지. 물론 세상이 많이 어려워지고 기회가 많이 사라진 건 사실이지. 하지만 그런 말은 스스로에게 아무런 도움이 되지 않아. 꿈을 이루는 것은 가난과는 하등의 관계가 없어. 노인네 잔소리로 들리겠지만 정말로 중요한 건 마음이야. 현대그룹 정주영 회장 알지? 그 사람도 가난이 너무 싫어 아버지가 소 판 돈을 훔쳐들고 가출을 했지. 정주영 회장이 '불가능합니다' 라는 소리를 들으면 어떻게 말했는지 아나?"

태양은 고개를 저었다.

"'이봐, 해봤어?' 였다네. 해보지 않았으면 말하지 말라는 거지. 나도 그렇게 생각하네. 해보지도 않고 미리 '어렵습니다', '불가능합니다' 라고 말하는 것은 바보나 하는 짓일세."

'바보' 라는 말에 태양은 화살이라도 맞은 것처럼 뜨끔했다. 태양이 천천히 가슴을 쓸어내리자 데이비드는 특유의 미소를 지으며 지구 반대편에서 일어난 잘 알려지지 않은 이야기를 하나 해주었다. 데이비드는 이것을 일종의 슈퍼히어로에 관한 이야기라고 말했다.

30세, 남, 마케터의 버킷리스트

할리데이비슨 타고 동해 일주하기

한 달간 루브르 박물관 다 둘러보기

내 방 마련해 하고 싶은 거 다 하기

17세, 남, 고등학생의 버킷리스트

몸짱 되기

야구장 10번 이상 가기

성적 20등 오르기

친구들과 하이킹 가기

28세, 남, 고시생의 버킷리스트

하루 종일 늘어지게 잠자기

초등학교 시절 짝사랑했던 여자친구와 손잡고 바닷가 걷기

걸어서 전국 무전여행 하기

BUCKET CASE

"세 달밖에 안 남았다"
–전 재산 탕진했지만 오히려 더 행복해

영국의 유명 코미디언 데이브 이스마이(64)는 10주 전 남은 생이 3개월 정도밖에 되지 않는다는 통보를 받고 질겁했다. 심각한 간경변으로 석 달 뒤에는 생명을 잃을 것이라는 끔찍한 진단을 받은 것이다. 데이브는 좌절했지만 그대로 주저앉지는 않았다. 집으로 돌아온 그는 죽기 전에 해야 할 일들을 적은 버킷리스트를 작성했고 이를 하나씩 실천에 옮기기 시작했다.

11월 22일자 영국 〈데일리메일〉에 따르면 데이브가 작성한 버킷리스트에는 세 살된 손자 더 사랑하기, 아일랜드의 K클럽에서 골프치기 같은 비교적 간단한 일들도 있었지만 판토마임에 출연한다든가 새로운 벤츠 구매하기 같은 어려운 일들도 있었다. 하지만 죽음이 코앞에 다가왔는데 돈은 아껴서 무엇을 하겠는가? 데이브는 2만 6,000파운드(약 4,700만 원)를 주고 새 벤츠를 구입했고 판토마임 오디션에도 응시했다. 또 분장사로 일하는 아내 도비(65)와 호주 여행도 계획했다.

하지만 10주 뒤 모든 것이 달라졌다. 의사가 오진이었다는 소식을 전해주었기 때문이다. 간경변을 앓고 있는 게 아니라 혈액 내 철분 농도가 비정상적으로 높아지는 혈색소증을 앓고 있는 것으로 최종 판정됐

우리는 늦기 전에 자신의 버킷리스트를 실천해야 한다.

다는 것이다. 혈색소증은 이른 시기에 치료하면 완치가 가능하다. 데이브는 오진 소식을 듣고 처음에는 너무 기뻤지만 그럴 수만도 없는 실정이었다. 지난 10주 동안 자신이 평생 동안 모았던 저축을 모두 써버렸기 때문이다.

데이브는 비록 힘들게 모은 재산을 모두 써버리기는 했지만 후회는 없다고 한다. 평생 해보고 싶었던 일들을 해보았기 때문에 오히려 더 행복하다고 말한다. 그는 아직 실행에 옮기지 못한 호주 여행 같은 일들을 계속 해나갈 계획이라고 했다.

– 출처: 뉴시스, 2010. 11. 22

리고베르타 멘추 이야기

과테말라의 슈퍼히어로 스토리

- 실패한 사람이 다시 일어나지 못하는 것은 그 마음이 교만한 까닭이다.
  성공한 사람이 그 성공을 유지하지 못하는 것도 역시 교만한 까닭이다.
  석가모니

- 알차게 보낸 하루가 편안한 잠을 제공하는 것처럼
  알찬 생애가 평온한 죽음을 가져다준다.
  레오나르도 다 빈치

1959년 1월 9일, 과테말라의 한 오두막에서 여자아이가 태어났다. 여자아이의 아버지 빈센트는 마야 원주민의 후손이었다. 부모는 아이에게 리고베르타 멘추라는 이름을 지어주었다.

멘추가 한 살 때 과테말라는 그 후 36년 동안이나 계속된 내전을 시작했다. 멘추는 다섯 살 때부터 대지주 농장에서 일하는 일꾼이 되어야 했다. 사실 일꾼이라기보다는 노예에 가까웠다. 그녀는 하루 종일 커피 열매를 따면서 40명의 노동자를 위해 음식을 준비하는 어머니를 도왔다. 멘추는 여덟 살 때 하루에 10kg의 커피 열매를 땄다. 이것을 돈으로 바꾸면 50페니히가 되었다. 일이 끝나면 멘추는 집으로 돌아와 집 뒤에 있는 황량한 밭을 일구어 얼마 안 되는 야채와 곡식을 수확해 생계를 유지했다.

그러던 어느 날 두 살짜리 남동생 니콜라스가 영양실조로 사망했다. 가족은 니콜라스를 판지상자에 담아 땅에 묻었다. 멘추의 오빠 펠리페는 몇 년 전에 죽었는데 비행기로 뿌린 살충제에 중독되어 사망한 것이었다. 멘추의 친구 마리아도 그때 죽었다.

열 살 때 멘추는 태평양 연안의 목화농장에서 일했다. 야자수 잎으로 만든 너덜너덜한 지붕 아래서 4백 명이나 되는 원주민 노동자들이 게걸스럽게 먹고 뒤엉켜 자는 인간 이하의 생활이었다. 그러한 삶을 살던 어느 날 열두 살이던 멘추는 아버지에게 말했다.

"읽고 쓰는 것을 배우고 싶어요."

그러나 아버지는 학교를 믿지 않는 사람이었다.

"사람들은 우리 마야인을 멸시한다. 넌 금방 외톨이가 될 거야."

얼마 후 멘추는 수도인 과테말라시티에 식모 자리를 얻어 떠나게 되었다. 하지만 식모일은 농장에서 일하는 것보다 더 고되고 비인간적이었다. 욕심 많은 주인 여자는 음식이 남으면 모두 쓰레기통에 버리면서도 멘추에게는 절대로 배급한 음식 외에는 먹지 못하게 했다. 멘추는 음식을 만들면서도 언제나 굶주린 배를 움켜쥐어야 했다. 2년 후 봄날, 아버지가 감옥에 갇혔다는 소식을 듣고 그녀는 고향으로 돌아왔다. 아버지 빈센트는 대지주들의 속임수에 넘어가 얼마 되지 않은 땅을 빼앗겼다. 그것이 억울해 노동조합에 도움을 요청하자 경찰이 그를 체포한 것이었다.

빈센트는 1년 2개월 후에 석방되었다. 그는 출소 후 농민운동에 뛰어들었고 멘추 역시 열여덟 살에 농민운동에 첫발을 내딛었다. 1980년대 초 멘추의 고향 마을로 쳐들어온 군대는 마을을 완전히 불태워 버렸고 남동생 페트로치나는 체포되어 고문 받은 후 공개 처형되고 말았다. 멘추는 이러한 역경에도 굴하지 않고 도미니크 수도원에서 틈틈이 공부를 했다. 스무 살이 되자 멘추는 스페인어를 말하고 읽고 쓸 줄 알게 되었다. 그러나 비극은 끝나지 않았다.

리고베르타 멘추는 죽음을 극복하고 꿈을 이룬 인물이다.

1980년 1월 아버지 빈센트가 시위 도중 사망했고 어머니 역시 석 달 후 체포되어 고문을 받은 끝에 죽었다. 멘추 가족 모두 세상을 떠난 것이다. 하지만 멘추는 좌절하지 않았다. 슬픔을 안으로 삭이며 그녀는 원주민들의 인간다운 삶, 농민들의 더 나은 삶을 위해 투쟁을 계속했다. 그녀는 수배된 상태로 과테말라 각지를 순회했고 추격이 심해지자 멕시코로 넘어가 13년을 보냈다. 이 기간 동안 그녀는 여러 단체에서 활동하면서 자신의 삶을 들려주는 책을 집필했다. 그 책은 11개 언어로 번역되었다.

과테말라의 정권이 바뀐 후인 1992년 그녀는 조국으로 돌아올 수 있었으며 유네스코에서 수여하는 평화교육상, 프랑스의 자유인권옹호위원회상, 노벨평화상을 받았다. 그녀 나이 서른세 살이었다.

"세상에. 노벨평화상을 세른세 살에 받다니. 정말 굉장하네요."

"평생 가난과 죽음의 공포가 멘추를 따라 다녔어. 그녀는 죽지 않기 위해 힘든 노동을 해야 했고, 인간답게 살기 위해 죽지 않아야 했어. 가족이 모두 죽은 상황에서라면 자포자기할 만도 한데, 멘추는 절대 굴복하지 않았지."

"존경스럽기도 하고, 너무 독한 거 아닌가 싶기도 한데요. 저도 농민운동을 해야 할까요? 아니면 신선한 유기농 먹을거리를 키우는 요리사요?"

"자기가 하고 싶은 일은 스스로 찾아낼 수 있는 법이지. 지금 당장 하고 싶은 일이 뭔가?"

"샤워를 시원하게 한 후 푹 자고 싶습니다."

"오케이, 그것도 아주 중요하고 급박한 일이지. 그러나 조금만 더 멀리 보게. 우선 프랑스 유학이라고 버킷리스트에 쓰는 게 어떨까?"

태양은 깜짝 놀랐다.

"제가 프랑스에 가고 싶어 하는 걸 어떻게 아셨어요?"

"자네 얼굴에 쓰여 있으니까. 이 나이가 되면 그런 건 훤히 보이게 마련이야. 무엇이든 소망한다는 것이 중요해. 그러니 편한 마음으로 자네의 버킷리스트를 작성해보게."

"그것만 작성하면 되나요? 버킷리스트를 쓰면 소원이 다 이루어지나요? 그렇다는 보장만 있으면 작성할게요. 그거 쓰는 게 뭐 어렵겠어요."

"아니지. 버킷리스트를 쓰는 건 그리 쉽지 않아. 어느 누구도 무슨 일이든 척척 해내는 건 불가능한 일이야. 그러니 버킷리스트는 아주 신중하게 써야 해. 내가 곧 죽을 거다. 그러니 꼭 해야 할 일을 생각해 보자, 그런 각오로 써 나가야 하지."

"죽음이라고요?"

"그래. 죽음을 생각해야 해. 우리 인생은 무한하지 않아. 삶이 무한하다면 모든 꿈을 다 이룰 수 있겠지. 하지만 실제로 삶은 유한하고, 유한하기 때문에 꿈도 한정될 수밖에 없어. 그러니까 버킷리스트를 작성할 때는 가능하면 꼭 이룰 수 있는 것을 써야 해. 1년 후에 생을 하직할 사람이라면 '아프리카 정글에서 사자를 직접 보고 싶다' 는 꿈은 이룰 가능성이 있겠지만 '달에 가고 싶다' 는 꿈은 아무래도 무리지. 헛된 꿈을 장난처럼 쓰지 말고 노력하면 이룰 수 있는 꿈들을 적어 나가야 해."

태양은 멍한 눈길로 데이비드를 바라보다가 갑자기 소리쳤다.

"아! 진짜 쓰고 싶은 일이 생각났어요."

프런트 직원이 고개를 들어 태양을 노려보았다. 데이비드는 미소를 지으며 한 가지 충고를 덧붙였다.

"정태양 군, 너무 흥분하지는 말게. 버킷리스트는 차분하게 생각하고 써야 해. 하지만 그 전에 꼭 해야 할 일이 있지."

"꼭 해야 할 일이 또 있나요? 뭔가요?"

"아주 간단한 일이지. 노트를 한 권 사는 거야. 버킷리스트를 적을 노트 말이야. 지금 함께 사러 갈까?"

"에이, 난 또 뭐라고요. 노트 사는 거야 어렵지 않아요. 요 앞에도 문구점이 있잖아요. 이따가 집에 갈 때 사지요. 아무튼 말씀 감사합니다."

불확실한 미래

며칠 후 아침 프랑스 시찰단을 태운 버스가 호텔을 떠났다. 주차장을 떠나는 관광버스를 보자 태양은 씁쓸한 기분이 들었다. 축 처진 어깨로 후문을 통해 로비에 들어서자 프런트에 있는 데이비드가 보였다.

"안녕하세요. 일찍 나오셨네요?"

"오늘 프랑스로 떠나는 직원들에게 전달할 주의사항이 있어서 왔어. 거기다 자네도 만나야 했고."

"저를요?"

데이비드는 프런트에서 무언가를 꺼내 태양에게 건

네주었다. 스프링이 달린 작은 노트였다.

“아, 노트네요.”

태양이 노트를 받아들고 겸연쩍은 표정으로 좌르륵 펼쳐보았다. 마지막 장에 프린트된 종이가 한 장 붙어 있었다.

“이건 뭐죠?”

“옛날에 내가 학생들에게 들려준 이야기야. 한번 읽어봐.”

“알겠습니다. 그런데 제가 노트를 안 산 건 어떻게 아셨어요?”

“다음에 사겠다고 약속하는 건 다음에 사지 않겠다고 약속하는 것과 별반 다름이 없다는 걸 아는거지.”

“헤, 제 나이 때는 다 그렇죠 뭐. 근데 노트는 왜 사라고 하신 거죠?”

“노트는 삶의 동반자니까, 정태양 군도 동반자를 만들면 좋을 거야.”

“동반자요? 요즘 노트 쓰는 사람이 어디 있어요. 스마트폰만 있으면 이제 다 할 수 있는 시대 걸요. 이건 부피만 차지하지, 귀찮다고요.”

“하하, 하지만 아날로그가 필요할 때가 있어. 아날로그가 디지털을 이끄는 걸 경험하게 될 걸세.”

“노트에 적으면 필요한 걸 찾는 데만 한 나절이에요. 컴퓨터에 입력하면 검색어 하나로 내가 원하는 걸 금방 찾을 수 있다고요.”

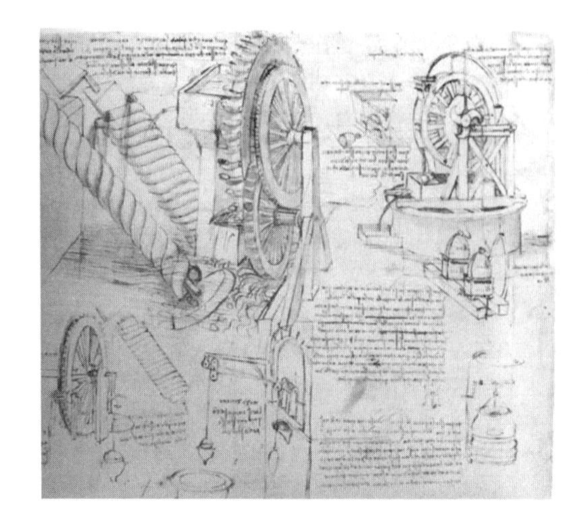

레오나르도 다 빈치는 인류 역사상 가장 뛰어난 기록물 가운데 하나를 남겼다. 빌 게이츠는 다 빈치의 36페이지짜리 노트를 3,000만 달러에 사들여 세간의 이목을 끌었다.

"물론 검색은 그렇겠지. 하지만 노트는 생각을 정리하게 해준다네. 펜을 들고 백지를 보며 고민을 하는 동안 정신이 맑아지고 명료해지는 걸 알게 될 거야. 위대한 사람들은 대부분 노트를 가지고 있었지. 아주 독특한 노트를 말이야. 아인슈타인도 어느 날 갑자기 상대성이론을 발견한 것이 아니라 끊임없이 무언가를 기록하고 계산한 결과로 얻은 거야. 인류 최고의 천재라고 하는 레오나르도 다 빈치 역시 굉장한 노트를 남겼지. 그 노트를 사기 위해 빌 게이츠가 얼마나 많은 돈을 냈는지, 태양 군은 아마 모를 걸세."

"이미 노트를 쓰는 시대가 지났으니까 골동품으로서 가치가 있었겠죠."

"아인슈타인뿐 아니라 뉴턴, 칸트 같은 사람도 노트를 손에서

놓지 않았지."

"컴퓨터가 있었다면 노트는 손에도 들지 않았을 걸요."

"아니, 그렇지 않았을 거라고 생각하네. 컴퓨터는 아주 편리한 도구지. 하지만 우리 마음을 헤아리지는 못해. 진정한 마음을 담을 곳도 못 되네. 노트를 펼쳐서 정성껏 적어보게. 뭐가 됐건 말이야. 그렇게 하면 자네 소망도 쉽게 달아나지 못할 거네. 노트가 쌓이면 자료가 되고 기념물이 되고 역사가 되지. 노트가 동반자가 되면 삶이 달라진다네."

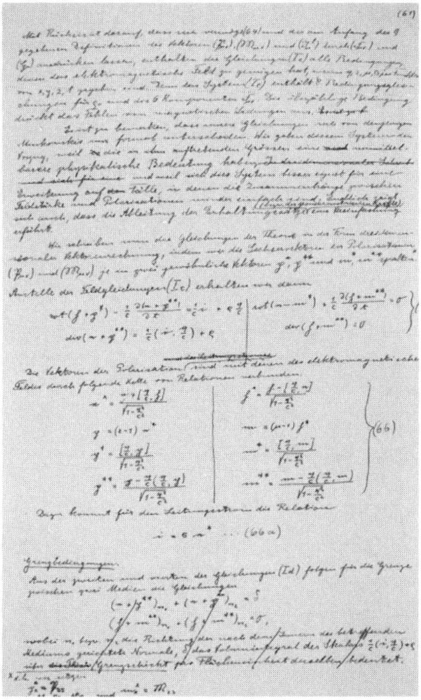

노트 덕분에 아인슈타인도 위대한 발견을 할 수 있었다.

늦은 밤, 반신반의하는 마음으로 태양은 노트를 폈다. 고등학교 졸업 이후 노트를 써 보기는 처음이었다. 요리사 자격증을 딸 때 노트를 쓰기는 했지만 그건 강의 내용을 적기 위해서였지 자신의 생각을 쓰기 위한 노트가 아니었다. 더구나 자격증을 딴 후 노트는 그대로 휴지통에 들어가 버리고 말았다. 문득 그때 노트에 어떤 내용을 적었었는지 궁금해졌다. 그 노트도 남아 있었다면 내 삶의 발자취가 되어 주었을까?

태양은 아쉬운 마음을 느끼며 데이비드가 준 종이로 눈을 돌렸다. 그곳에는 이런 글이 적혀 있었다.

죽음을 두려워하는 것은 삶을 두려워하는 것이다. 삶과 죽음은 별개의 것이 아니라 둘 중에 하나가 없다면 존재할 수 없는 불가분의 관계에 있다. 생명이 끝나는 순간, 마지막에 대한 두려움을 극복해야만 살아가는 동안 우리들을 괴롭히는 작은 두려움들을 극복할 수 있다.

살아갈 날이 얼마 남아 있지 않음을 깨달으면 절박함 속에서 사명감이 생긴다. 살아간다는 사실을 더욱 감사할 수 있기 때문이다. 죽음에 대한 두려움을 극복할 수 있다면 더 이상 두려울 것이 없다. 죽음도 두렵지 않은데 더 이상 두려울 게 무엇이 있겠는가? 따라서 지금 이 순간과 눈앞에 있는 사람과 일에 몰두하라. 과거는 흘러가는 물이고, 미래는 아직 오지 않은 불확실함이다. 내가 바꿀 수 있는 것은 지금 이 순간이다. 인생에서 성공하고 싶다면 언제라도 이 세상을 떠날 수 있음을 깨닫고 바로 이 순간의 삶에 충실해야 한다. 그럴 때 삶을 바라보는 자세는 긍정적이 되고, 삶의 모든 과정이 달라진다. 부정적인 생각, 편협함, 쓸데없는 걱정, 두려움 따위는 모두 떨쳐버려라.

인생의 묘미는 불확실성에 있다. 미래가 확실하면 적당히 평소대로 살아간다. 미래가 불확실해야 평소와는 다른 방법으로 생각하고 노력한다. 그래야 평소와는 다른 삶이 펼쳐진다. 어차피 화려한 묘지도 수십 년 안에 풀로 뒤덮여 버린다. 화려했던 묘지도 오랜 시간이 흐르면 그곳을 지나는 사람들에게는 그저 돌덩이와 흙덩이에 지나지 않는다. 살과 뼈는 완전히 분해되어 흙으로 돌아가야 할 운명. 이 자연의 숙명 앞에서 우리는 오늘 이 순간의 소중함을 느껴야 한다. 죽음 앞에서 우리가 살아가는 하루하루는 기적과도 같다.

죽음을 인식하는 순간, 지금 당장 무언가를 해야 한다는 절박함을 느끼게 될 것이다. 지금 내게 정말로 중요한 것이 무엇인지를 깨닫게 되고 시간과 함께 사라지는 모든 것들의 아름다움, 그들이 주는 감동에 더욱 감사하게 된다.

죽음은 누구도 피할 수 없다. 그 사실을 외면하지 말자. 죽음의 불가피성을 깨닫는 자야말로 아름답게 죽는 법을 배우고 가치 있는 삶을 살아갈 수 있다. 사소한 것에 집착하지 않고 혼자가 된다는 것을 두려워하지 않으며, 강하고 독립적인 존재로 거듭

날 수 있다. 무엇이 가장 중요한지 알게 되면 더 큰 목표를 향해 나아갈 수 있고, 세상을 밝은 마음으로 바라볼 수 있게 된다. 어차피 과거는 지나가게 마련이다. 모든 삶의 순간들이 엄청나게 빠른 속도록 사라진다는 것을 깨닫고 지금 이 순간을 충실히 즐겨라. 충실하게 사는 삶은 후회가 없다.

누구에게나 단 한 번뿐인 삶. 이 삶을 허송세월하는 것은 스스로에게 죄를 짓는 것이다. 내가 원하는 삶을 구체적으로 그리고 하나씩 실천해 나가는 아름다운 삶으로 만드는 것은 자신의 의무이자 몫이다. 자기 삶의 주인은 자신이어야 한다는 것. 엑스트라도 구경꾼도 내 역할이 아니다.

나는 어떤 사람인가? 스스로를 똑바로 쳐다보라. 시련은 성장을 위한 동력이며, 꿈을 위한 과정이다. '역경' 을 뒤집으면 '경력' 이 된다. 남다른 '경력' 을 갖고 있는 사람은 모두 남다른 '역경' 을 이겨낸 사람이다. 꿈을 이루기 위해서는 분명한 목표와 인내심이 필요하다. 낯선 세계를 향해 용감하게 첫발을 내딛어라. 그 발걸음이 장애물에 부딪쳐 방향을 잃을지라도 포기하지 마라.

"목표를 세워 그 길을 가라. 좌절도 있고 어려움도 있으리라.
그러나 다시 일어나 그 길을 가라."

태양은 노트 첫 장을 펼쳐 '나의 버킷리스트' 라고 적었다. 그 밑에는 데이비드가 쓴 글의 마지막 문장인 '그러나 다시 일어나 그 길을 가라' 를 적었다. 하지만 그 이상 쓸 것이 없었다. 무엇을 써야 할지 생각나지 않았다. 흰 종이를 바라볼수록 머릿속만 하얘지는 느낌이었다.

"하고 싶은 일이 하나도 없나? 분명 로비에서는 뭔가 생각난 게 있었던 거 같은데?"

태양은 노트를 물끄러미 바라보다가 눈을 질끈 감았다. 눈을 감으면 뭔가 좋은 생각이 떠오르지 않을까? 과거에 꾸었던 꿈이 떠오를 만도 한데, 쉽지 않았다.

"어렸을 때 뭐가 되고 싶었더라? 아, 맞아!"

눈을 번쩍 뜬 태양은 노트에 '목수' 라고 적었다. 어렸을 때 태양은 목수가 되고 싶었다. 태양이 가장 좋아했던 막내 외삼촌이 목수였던 것이다. 태양은 열 살 조금 넘어서부터 틈만 나면 외삼촌을 따라다니며 집 짓는 일을 구경하고 잔심부름을 도맡아 했다. 그냥 따라다닌 것뿐만이 아니라 스스로 무언가를 만들기도 했었다. 대부분은 쓸모없는 나무상자 정도 였는데, 그런 태양을 볼 때마다 외삼촌은 얼굴을 찌푸렸다.

"목수 같은 건 아무런 가치가 없어. 공부를 해야 훌륭한 사람이 되는 거야."

그렇게 핀잔을 주면서도 외삼촌은 망치질, 톱질, 좋은 나무를 고르는 방법 등을 자세히 알려주고는 하셨다. 그런 외삼촌이 어느 날 못을 밟았다. 태양이 중학생일 때였다. 합판 위로 뾰족하게 나와 있던 못을 밟은 외삼촌에게 며칠 후 파상풍 증세가 나타나기 시작했다. 의사 선생님은 시골에서는 더 이상 치료할 수 없다고 했다.

"서울 큰 병원으로 가세요."

외할머니는 그 말을 듣자마자 병원 바닥에 주저앉아 대성통곡을 했다. 지금도 그렇지만 그때도 '큰 병원으로 가라'는 말은 죽음을 선고하는 것과 마찬가지였다. 다행히 외삼촌은 수술을 받아 몸은 회복할 수 있었다. 하지만 병원에서 나온 외삼촌은 이미 예전의 외삼촌이 아니었다. 원인을 알 수 없는 뇌손상을 입은 것이었다. 당연히 외삼촌은 목수 일을 그만두었다. 태양 역시 꼬마조수 역할을 끝내게 됐다. 그래도 태양에게는 그때 배운 손재주가 상당히 남아 있었다.

'내가 요리에 소질이 있는 것도 어찌 보면 그때 목수 일을 해봤기 때문일 거야.'

사실 전혀 어울리지 않는 연결이었지만 그런 건 아무래도 상관없었다. 태양은 목수일이 좋았다. 하지만 목수라는 꿈은 대통령, 과학자, 외교관에 비하면 너무 작은 꿈이었고, 의사, 경찰관, 선생님처럼 일상에서 접하는 직업과 비교해도 너무 초라한 소망처럼 느껴졌다. 태양은 지금까지 한 번도 목수가 되고 싶었다고 말한 적이 없었다. 왠지 그래서는 안 될 것 같았다. 꿈이란 그보다는 훨씬 원대해야만 할 것 같았다. 태양은 노트에서 목수라는 두 글자를 두 줄로 죽죽 지워버렸다.

"더 멋진 꿈을 적어야 돼. 어쨌거나 마지막 소원이잖아."

태양은 1)이라고 쓴 뒤 '프랑스 유학'이라고 적었다. 프랑스 유명 요리학원에서 꼭 요리를 배우고 싶었다. 태양은 1번 소원이 무척 마음에 들었다. 흡족한 표정으로 두 번째를 적으려 했지만 더 이상 떠오르는 소망이 없었다. 곰곰이 생각한 후에 이렇게 적었다. 2) 한가을과 데이트하기. 3) 돈 많이 벌어 멋지고 호화로운 호텔 짓기.

그러나 곧바로 2번 위에 줄을 죽죽 그었다.

"한가을과 데이트하는 건 어려울 거야. 게다가 누가 이 노트를 볼 수도 있잖아. 그땐 창피해서 어떻게 하겠어."

태양은 3번도 죽죽 그어 지워 버렸다.

"호텔이라니, 이건 좀 심했다. 로또에 당첨된다 해도 '호화' 자가 붙은 호텔은 불가능해. 모텔이라도 지을 수 있으면 다행이겠지."

태양은 다시 생각에 잠겼다.

아무리 해도 떠오르지 않는 소망. 태양은 갑자기 머리가 아파오기 시작했다.

31세, 남, 조리사의 버킷리스트

좋아했던 사람에게 내 마음 표현하기

혼자서 세상에 잘 알려지지 않은 오지로 여행 떠나기

장기기증 서약 동의하기

45세, 남, 기업 임원의 버킷리스트

100대 명산 등반하기
호숫가에 전원주택 짓고 나만의 서재 갖기
아내보다 먼저 죽기

BUCKET CASE

내게는 아주 작은 일일지라도……

루게릭병에 걸린 그 청년은 하루 종일을 누워 지내야만 한다. 몸 여기저기에는 기다란 호스가 꽂혀 있고 머리와 다리도 복잡한 의료기구들이 연결되어 있다. 너무나도 끔찍하고 무서운 상황이다. 청년은 온몸이 마비되어 손가락 하나 움직일 수 없었지만 다행히 눈동자를 깜빡일 수 있었고 입술을 움직여 말을 할 수 있었다. 하지만 그의 말을 알아듣는 사람은 어머니와 아버지뿐이었다.

그가 슬픔이 가득 담긴 눈으로 낯선 방문객을 바라보자 어머니는 아들의 얼굴을 수건으로 닦아주며 말했다.

"온몸은 마비되었는데 정신은 멀쩡해요. 그것이 더 괴롭지요."

깊게 내뿜는 어머니의 가슴 아픈 한숨이 방안에 가득 찼다. 그런 어머니의 마음을 아는지 청년의 눈에서 문득 한 줄기 눈물이 흘러내렸다. 그러나 그는 그 눈물마저 자신의 손으로 닦을 수 없었다. 건장했던 아들은 50kg의 앙상한 몸으로 변했고 손가락 하나 까딱할 수 없었다. 두 팔 두 다리가 멀쩡한 것이 왠지 미안해진 기자는 고개를 숙여 청년의 촉촉한 눈동자를 들여다보며 물었다.

"몇 살이에요?"

청년이 힘겹게 대답을 했지만 기자는 그 말을 알아들을 수 없었다.

"서른여섯 살이에요. 제빵사였죠. 빵을 참 잘 만들었는데……. 스물여섯 살에 갑자기 루게릭병에 걸렸어요. 그 뒤론 아무 일도 못했어요. 10년 동안 1분 1초도 아들 곁을 떠나지 않았어요."

어머니는 말을 채 맺지 못했다. 기자는 안타까운 눈으로 청년을 바라보다가 물었다.

"가장 해보고 싶은 게 뭔가요?"

청년은 슬픔과 욕망, 희망과 좌절이 가득 담긴 눈동자를 위아래로 움직이면서 힘겹게 입을 열었지만 역시 기자는 알아들을 수 없었다. 옆에 있던 어머니는 참담한 소식을 전하는 통역관처럼 서글픈 미소를 지으며 아들의 말을 해석해주었다.

"몸이 나으면 뒷동산에 오르고 싶대요."

이제 당신이 대답할 차례다.

지금, 당신은 자신의 인생에 만족스러운가?

당신에게 주어진 시간이 1주일밖에 남지 않았다면 당신은 무엇을 하겠는가? 당신에게 남아 있는 시간이 1년이라면 어떤 일을 할 것인가?

당신은 지금 루게릭병으로 누워 있다. 다행히 몸이 나아 자신의 힘으로 움직일 수 있다면 무엇을 제일 먼저 하겠는가? 딱 한 가지만 할 수 있다면 무엇을 하겠는가?

한 사람의 삶은 어쩌면 인생을 마감하는 순간에 완성되는 것일지도 모른다. 인생의 마지막 순간에 자신의 삶을 되돌아보며 만족할 수 있는 사람이 몇 명이나 될까?

루게릭병은 미국 뉴욕양키즈의 야구선수 루게릭(Henry Louis Gehrig, 1903~1941)의 이름에서 비롯되었다. 그는 전설적인 4번 타자였으나 근위축성측삭경화증으로 38세의 나이로 사망했다.

우리 모두는 자신이 누구인지, 정말 원하는 일이 무언지 모르고 사는 경우가 흔하다. 지금이라도 하고 싶은 일, 해야 할 일의 목록을 작성하고 실천하려 노력한다면 정신없이 내달리는 삶을 잠시 멈추고 진정한 꿈과 행복을 향해 삶의 좌표를 다시 설정할 수 있지 않을까? 왜냐하면 인생은 한 번밖에 주어지지 않은 고귀한 선물이기 때문이다.

기자는 '몸이 나으면 뒷동산에 오르고 싶다'는 청년의 버킷리스트를 듣는 순간 자기 아파트 뒤에 있는 작은 산이 떠올랐다. 창문을 열면 언제나 보이는 산이었다. 그 산을 볼 때마다 이번 주 일요일에는 아이와 함께 꼭 저곳에 가야지 결심했지만 지금까지 한 번도 오른 적이 없었다. 마음만 먹으면 어느 때나 갈 수 있었기에 그다지 조급하게 생각하지 않았다. 지금 당장이라도 오를 수 있다고 생각했기 때문에 그 산에 오르는 일을 '생애 꼭 해보고 싶은 일'에 넣을 생각이 전혀 없었다. '버킷리스트에 그런 사소한 소원을 적을 수는 없다.' 기자는 늘 그렇게 생각했었다.

그런데 이 청년이 죽기 전에 꼭 한번 해보고 싶은 일이 바로 뒷동산에 오르는 것이었다. 얼마나 간절했으면 세상 멋진 일들을 모두 뒤로 제쳐두고 그것을 첫 번째 소원으로 꼽았을까? 많은 사람들이 지극히 사소한 것이라고 생각하는 -너무나 사소해서 꿈이라는 말조차 붙이지 않는- 것을 이 청년은 목숨과 바꿀 정도로 간절히 원하고 있었다.
그런 의미에서 당신은 엄청난 행운아다. 그러기에 삶을 낭비해서는 안 되며 소홀히 해서도 안 된다. 자신의 꿈을 세우고 그 꿈을 향해 나아가야 한다. 자신만의 버킷리스트를 만들어 하나하나 차례대로 이루어나가야 한다. 설사 이루지 못한다 해도 '나의 버킷리스트'를 작성했다는 그 자체가 삶의 축복이다. 죽음이 언제 어느 곳에서 우리를 데려갈지 알 수 없기 때문이다.

- MBC 특집 프로그램 〈버킷리스트- 나와의 약속〉 2010. 9. 18

바로 이 순간이 그 일을 해야 할 때

- 등에 무거운 짐을 짊어지고 먼 길을 가는 것이 인생이다.
  그러기에 우리는 인생을 급히 달리지 말고 천천히 가야 한다.
  공자

- 배를 만드는 법을 가르치지 말고 푸른 바다를 꿈꾸게 하라.
  생텍쥐베리

- 인생에 있어 모든 고난이 자취를 감추었을 때를 생각해보라!
  참으로 을씨년스럽기 짝이 없지 않은가?
  니체

출근을 하는 태양의 옆구리에 노트가 끼어 있었다. 전철 안에서 태양은 노트를 펼쳐보았다. 첫 장은 백지, 그 다음 장에 어제 적은 내용이 있었다. 프랑스 유학은 그대로, 나머지는 모두 지웠다. 그냥 찢어버리면 후련할 텐데, 하지만 정정하거나 줄을 그어 삭제하는 한이 있어도 노트를 찢어버리지는 말라던 데이비드의 말이 생각나 그대로 두기로 했다.

태양은 전철에 있는 사람들을 둘러보았다. 이 사람들의 버킷리스트는 무얼까? 갑자기 앞에서 졸고 있는 30대 후반의 남자를 깨워 '당신의 버킷리스트는 뭔가요?' 하고 묻고 싶어졌다. 새침한 옆자리 20대 아가씨에게도 흘긋 옆자리 아저씨의 신문을 훔쳐보고 있는 할아버지에게도 같은 질문을 하고 싶어졌다.

호텔에 도착한 태양은 로비에 들어서면서부터 사방을 두리번거렸다. 누군가 버킷리스트를 물을 만한 사람이 있을 거라고 희망하면서. 하지만 적당한 사람이 보이지 않았다. 아쉬운 마음을 추스르며 주방으로 내려갔다. 주방문을 열자 놀랍도록 깨끗한 주방의 모습이 눈에 들어왔다. 모든 조리기구들이 반짝반짝 빛을 내면서 제자리에 있었다. 모든 것이 완벽했다.

"미젼플라세."

태양은 저도 모르게 탄성을 내뱉었다.

'그래, 이게 바로 미젼플라세구나. 이 얼마나 완벽한가! 그에 비해 나를 좀 보라고. 나는 정말 허점투성이야. 뭐든 하나도 준비가 되어 있지 않다고.'

그때 누군가가 주방 안으로 들어왔다. 데이비드였다. 태양은 반가운 마음에 다짜고짜 말했다.

"어제 밤새 버킷리스트를 생각해 봤어요. 근데 궁금한 게 하나 있습니다."

데이비드가 태양의 노트를 들여다 보면서 미소 지었다.

"정말 밤새 고민한 건가?"

"네. 거의 밤새 고민한 거 맞습니다. 그런데 세 개밖에 생각나지 않더군요. 그나마도 두 개는 금방 폐기처분했고요. 아무리 생각해도 제가 뭘 하고 싶은지 모르겠더라구요."

"그렇군. 그래 궁금한 게 뭐지?"

"제 생각엔 버킷리스트를 작성하는 것 자체는 그리 큰 의미가 없는 것 같아요. 물론 소원을 적으면서 자신의 꿈을 되새기고 지난 삶을 되돌아볼 수는 있겠지만, 그게 정말 큰 의미가 있을까요? 단지 적기만 하는 거라면 얼마든지 적을 수 있잖아요. 수십 개도 수백 개도 어렵지 않을 거 같은데요."

"하하하, 그게 지금 달랑 하나만 적어온 사람이 할 말인가?"

"아니, 그건, 처음이라 그런 거고, 시간이 지나면 당연히 더 많이 적을 수 있죠."

"자네 말이 맞네. 그런데 그 시간이 문제지. 가장 중요한 게 시간이거든. 시간은 아무도 기다려주지 않네. 하지만 자네가 품는 의문은 사실 중요한 거야. 좋은 지적이지. 버킷리스트를 적는 것 자체는 그리 중요하지 않을 수도 있어. 하지만 버킷리스트가 있어야만 다음 단계로 나아갈 수 있지. 버킷리스트는 삶의 발전소이자 이정표고 나침반이거든. 경우에 따라서는 종교가 될 수도 있지."

"그런가요? 하긴 저도 소원을 적으려고 몇 시간 동안 많은 생각을 했으니까요."

"그런 과정을 거쳤다는 것만으로도 자네는 어제와는 달라진 사람이 된 거야. 사람에게 감동을 주는 책도 첫 한 줄로 시작하지. 하얀 종이를 펼쳐 놓고 고민만 해서는 책이 완성되지 않지. 불과 며칠 전만 해도 자네는 프랑스로 떠나는 사람들을 질시하고, 자신을 미워하지 않았나? 열심히 일해서 내년에는 꼭 시찰단의 일원이 되겠다던가 자신의 힘으로 프랑스 유학을 가겠다는 생각조차 하지 않았었지. 하지만 이 리스트를 작성하면서 꼭 프랑스로 유학을 가겠다는 목표 의식을 갖게 된 거잖아."

"그렇긴 하네요."

태양이 쑥스러운 듯 웃었다.

"버킷리스트는 살아가야 할 꿈을 만들어주는 도구인 거야. 자네가 이 노트를 꺼낼 때마다 자신의 꿈을 새롭게 다지고 그 꿈을 위해 노력하게 될 거야. 한마디로 뭔가를 하려고 몸이 근질근질해지지."

"그건 잘 알겠어요. 그런데 버킷리스트를 작성한다고 해서 꿈이 저절로 이루어지지는 않잖아요. 그 다음엔 뭘 해야 하죠?"

"좋은 지적이야. 사실 버킷리스트는 작성하는 것보다 실천하는 게 더 중요하니까. 하지만 지금은 일할 시간이군. 실천에 대해서는 저녁에 이야기하지. 저녁까지 버킷리스트를 두 가지 더 생각해 보라고."

1년 후에 죽는다면

"만약 1년 후에 죽는다면요, 뭘 꼭 하고 싶으세요?"

점심시간이 지난 3시 무렵. 태양은 설거지를 하다가 불쑥 보조 요리사에게 물었다. 50이 훨씬 넘은 직원이었다.

"죽어? 너 지금 나보고 1년 후에 죽으라는 거냐?"

"아니, 그런 게 아니라, 그러니까 만약이라고 했잖아요. 그냥 딱 1년만 살 수 있다는 걸 알게 된다면 어떤 걸 하고 싶은지 궁금해서요. 우선순위대로 세 가지만 고르라면 어떤 걸 고르겠어요?"

"별, 시답잖은 질문 다 보겠네. 뭐, 그래도 1년 안에 죽는다면 먼저 요리를 때려치울 거야. 그리고 아내랑 스위스에 갈 거 같은데? 지금까지 고생했는데 알프스는 보여줘야지."

"돈이 많이 들잖아요."

"돈이야 많이 들겠지. 하지만 1년밖에 못 산다는데 돈을 아껴서 뭐 하려고? 물론 남은 사람이 살 돈까지 건드리면 안 되겠지만. 그런데 생각해 보니까 스위스 말고 진짜 가고 싶은 데가 있네."

"어딘데요?"

"응, 함흥."

"함흥이요? 북한 함흥이요?"

"그래, 북한 함흥. 그곳에 내 아버지 고향집이 있어. 지금도 있는

지는 모르겠지만. 아버지는 전쟁이 일어나던 해 할아버지와 함께 남으로 내려왔어. 잠깐이면 되겠지 생각했는데 끝내 고향을 가보지 못하고 돌아가셨지. 아버지가 그 집 마당 감나무 밑에 자기 어릴 때 일기를 묻어두고 오셨다던데, 그걸 찾아보라고 하셨거든. 그래서 어렸을 때부터 아버지 고향집에 가보고 싶었어. 내 나이 서른도 안 돼 돌아가신 아버지라서 왠지 그 말씀은 유언처럼 들렸거든."

자신이 말해 놓고도 겸연쩍은지 잠시 말을 멈추었으나 눈은 살짝 충혈되어 있었다. 어떤 말을 해야 할지 알 수 없었던 태양은 간신히 이렇게 말했다.

"꼭 가게 되셨음 좋겠어요."

"그래, 나도 그랬음 싶은데, 가능할까 싶기도 하고 그러네."

"세 번째는 뭐예요?"

"우리 딸이 초등학교에 들어가기 전이었지. 하루는 햇볕 좋은 일요일에 김밥을 싸가지고 딸이랑 아내랑 함께 동네 뒷산으로 소풍을 간 적이 있었어. 그 시절에는 소풍 가는 일이 극히 드물었는데 소풍을 갔던 그날이 지금도 기억에 생생해. 딸아이 손을 잡고 다시 한 번 소풍을 가고 싶어. 딸이랑 아내랑."

"지금은 따님이 컸을 텐데요. 그래도 그 소원은 가능한 거네요. 다 큰 따님과 손을 잡고 소풍을 가는 건 어떠세요?"

"딸 녀석이 싫다고 할 거야."

"그럴지도 모르겠네요. 다른 꿈은 없으세요?"

"그렇다면 이 호텔 사장이나 될까?"

"일 년 안에 그러기는 불가능하죠. 일일 사장 정도는 할 수 있겠지만."

"그럼 일일 사장이라도 하지 뭐."

"일일 사장을 하면 뭘 하실 건데요?"

"간단하지. 직원들 월급을 세 배로 올려라. 그렇게 지시하고 내려오지 뭐."

"야, 진짜 아저씨가 사장이 돼야 하는 건데."

"다 실없는 소리지. 그런데 넌 꿈이 뭔데? 1년 동안 뭐 할 거야?"

"저야 뭐, 아직 젊으니까 그런 생각할 필요가 뭐 있겠어요. 그냥 오래 살 생각이나 할래요."

"이런 녀석, 어른을 놀렸군."

"하하하, 죄송해요."

두 사람은 서로를 보며 한바탕 웃었다.

저녁식사 시간. 구내식당에 들어간 태양은 식판을 들고 어디에 앉을까 두리번거렸다. 다른 때 같았으면 가까운 곳에 앉아 허겁지겁 밥을 먹고 식당을 나섰겠지만 오늘은 질문을 던질 만한 사람이 있는 곳에 앉기로 했다. 하지만 마땅한 사람이 없었다. 그때 저만치 혼자 밥을 먹는 경비반장 강바위가 눈에 들어왔다. 워낙 무서운 경비반장이라 아무도 그와 함께 앉으려 하지 않았던 것이다. 태양은 잠시 망설이다가 용감하게 그쪽으로 걸어갔다. 발소리에 그가 고개를 들자 태양은 가볍게 미소 지으며 그 앞에 앉았다.

"반장님, 맛있게 드세요."

"흠, 그래."

반장은 별일이라는 듯이 눈을 한 번 깜박였다.

"오늘은 닭고기국이네요."

"흠, 그래."

"반장님, 제가 궁금한 것이 있는데요. 여쭤봐도 될까요?"

"나에게?"

"네, 뭐 그리 중요한 것은 아니고, 음……. 만약 반장님이 그러니까, 음."

"뜸 들이지 말고 말해."

"네, 알겠습니다. 제 말은요, 그러니까 만일 반장님이 일 년 후에 죽는다면, 그러니까 무슨 일을 하고 싶으신지 물어보고 싶어서요."

"뭐라고?"

반장이 꽥 소리를 질렀다. 그 소리에 식당에 있던 사람들이 이쪽을 바라보았다. 태양에게 측은한 눈길을 보내는 사람도 있었다.

"넌 내가 죽기를 바라니?"

"아뇨, 제가 뭘 조사해야 하는 게 있어서요. 그러니까 설문 조사 같은 거니까 오해하지는 마시고요. 혹시 반장님은 특별한 소원이 있지 않을까 생각했거든요."

"별 싱거운 녀석 다 보겠네. 난 그리 호락호락하게 죽을 사람이 아냐."

"알아요. 그래서 더 궁금한 거예요."

"이 녀석. 한 대 맞고 싶은 게지. 하지만 용기는 가상해. 난 말이야, 해병대 특수수색대 특무상사였어. 간첩도 여럿 잡았다고."

경비반장은 어깨를 곧추 세우며 위엄 있는 표정을 지었다.

"우와, 정말요? 그럼 상금도 장난 아니었겠네요. 반장님, 사실은 진짜 부자인 거 아니에요?"

"짜식, 그건 국가 기밀이라고. 그래, 질문이 뭐라고? 죽기 전 소망? 글쎄, 알래스카에서 고래를 잡고 싶기는 했지. 꽁꽁 언 바다에서 고래를 잡는 거야. 그것도 아주 큰 고래."

"반장님이라면 가능할 거 같아요."

"당연하지."

"두 번째 소원은요?"

"두 번째? 마누라랑 세계일주를 할 수 있다면 좋겠지만. 그러니까 남극에서부터 사하라 사막까지 1년 내내 도는 거지."

반장은 갑자기 숟가락을 내려놓고는 한숨을 푹 쉬었다.

"크, 그럼 고래는 언제 잡을지 모르겠군. 두 번째 소원은 불가능하니까 아무래도 상관없겠지."

"왜요? 돈이 너무 많이 들어서요?"

"세계일주 정도는 큰돈이 없어도 할 수 있어. 문젠 마누라가 3년 전에 벌써 이승을 떴다는 거야. 망할!"

순간 태양은 무척 당황했다.

"저런, 죄송해요."

"죄송은 무슨. 니가 죽였나? 그냥 아무것도 못해줄 때 죽은 게 안타깝지."

말은 퉁명스러웠지만 경비반장의 표정은 공허했다.

"사실 나한텐 '죽기 전에 하고 싶은 소원' 따위는 그다지 의미가 없어. 그냥 '그때 했었어야 했는데 하지 못했던 일' 이 더 후회되거든."

그 말에 태양의 눈이 반짝 빛났다. '그때 했었어야 했는데 하지 못해 후회가 되는 일' 은 버킷리스트만큼이나 중요한 것 같았다.

"마누라가 암에 걸렸다는 사실을 알았을 때 나는 최선을 다했어. 하지만 마음 한구석엔 '어차피 암은 불치병이야' 라는 생각이 사라지질 않았지. 그래서 슬그머니 포기해 버렸는지도 몰라. 다시 돌아갈 수만 있다면 절대 포기하지 않을 거야. 내 모든 것을 다 바쳐서라도 마누라를 살려내고 말 거야."

경비반장의 입이 파르르 떨렸다. 왠지 모를 숙연한 분위기에 태양은 서먹한 침묵을 지켰다.

"마누란 말이야, 내가 군 생활을 할 때 안 따라다닌 곳이 없었어. 백령도도 제주도도. 진짜 험한 곳만 다녔어. 그러니 고생이 이만저만이 아니었지. 그런 마누라가 병에 걸렸는데도 난 고쳐주지 못한 거야. 이젠 후회조차 할 수 없는데 말이야."

말을 마친 그는 갑자기 자리에서 벌떡 일어섰다. 태양은 안타깝고, 겸연쩍고, 한편으로 존경심이 묻어나는 표정으로 반장을 바라보았다. 그의 세 번째 버킷리스트는 다음에 들을 수밖에 없을 것 같았다.

29세, 여, 신문기자의 버킷리스트

고양이가 뛰놀 수 있는 예쁜 집에서 살기
착한 사람 만나서 행복하게 사랑하기
시간을 마음대로 쓸 수 있는 자유갖기

33세, 여, 작가의 버킷리스트

자전거를 타고 시골의 비포장도로 달려보기
거칠어진 엄마의 손 마사지 해주기
가라앉고 있는 섬 몰디브에서 가라앉기 전에 수영하기

- 사람은 해본 일보다 못해본 일에 대해서 후회하는 경우가 많다고 한다. 그때 하지 못해 정말 후회되는 일은 무엇인가?
과감하게 그 일을 추진하지 못했던 원인은 무엇이라고 생각하는가?

- 앞으로 하지 못하면 정말 후회할 것 같은 일은 무엇인가?

꿈은 어떻게 이루어지는가

- 참으로 존경할 것은 그 명성이 아니라 그만한 가치가 있는 진실이다.
  쇼펜하우어

- 고통은 인간의 위대한 교사이다.
  고통의 숨결 속에서 영혼은 발육된다.
  에센 바흐

해가 뉘엿뉘엿 넘어갈 때 태양은 노트를 들고 호텔 문을 나섰다. 언제나처럼 주차반장이 주차장을 지키고 있었다. 그도 분명 쉬는 날이 있을 텐데, 왠지 한 번도 주차장을 비운 적이 없는 것만 같았다.

"아저씨, 안녕하세요?"

"어이, 태양, 이제 끝났나보네."

"네, 근데 데이비드 아저씨를 만나기로 했어요."

"그래? 곧 오시겠지. 내게 할 말이라도 있어?"

"네, 아저씨한테 한 가지 묻고 싶은 게 있는데요. 혹시 아저씨가 시한부 인생을 산다면, 그러니까 1년 후에 죽어야 한다면 하고 싶은 일이 있으세요?"

"시한부?"

"네, 버킷리스트라는 걸 작성하고 있거든요."

"아, 버킷리스트. 알아. 그 영화 봤지."

“와, 정말요? 전 아직 못 봤는데.”

“꼭 보도록 해. 그런데 내 소원이 뭐냐구?”

“네.”

“음, 아주 많은데.”

“많으면 많을수록 좋지요.”

태양은 노트를 펼쳤다.

“먼저 가족들과 함께 열흘 쯤 여행을 하고 싶어. 아들, 며느리, 손자, 딸, 사위, 마누라, 전부.”

태양은 고개를 끄덕였다.

“그리고 꿈이 또 있어. 대학엘 가고 싶어. 사실 난 고등학교를 겨우 졸업했거든. 음, 그리고 또 이창호, 그러니까 프로 바둑 두는 이창호. 그 이창호랑 바둑을 두고 싶어. 내가 한 바둑 하거든. 프로의 바둑은 어떤지 직접 대결해보고 싶어.”

“우와, 멋진 꿈이네요.”

“멋지면 뭐하누, 그냥 헛소리지.”

“아니에요. 그게 왜 헛소리예요. 가족 여행이나 대학 입학은 노력하면 할 수 있죠. 세 번째는, 죽을 사람 소원이라는데 설마 한 판 정도는 이창호 9단도 들어주겠죠. 그런데 아저씨, 살아오면서 뭔가를 후회한 적이 있으세요? 예전에 꼭 했어야 했는데 하지 못해 원통한 것들요.”

"못해서 원통한 것? 많지! 정말 많아! 너무 많아서 꼽을 수 없을 정도야. 공부도 안 했지, 어머니 속도 지독하게 썩혔지, 아버지 술도 한잔 못 사 드렸지, 밖으로 도느라 아이들 어린 시절은 보지도 못했지. 말해 뭐해. 인생 쓸쓸한 데는 다 이유가 있어. 그러니까 가족들에게 잘해야 돼."

주차반장은 껄껄 웃었다. 왠지 쓸쓸한 웃음이었다. 태양은 물끄러미 그 모습을 지켜보았다.

"그중에서 뭐가 가장 후회 되나요?"

주차반장은 잠시 생각에 잠겼다.

"공부를 안 한 것도 그렇고, 음, 글쎄, 뭐니 뭐니 해도 신혼 때 노름하느라 아내 몰래 반지 팔아버린 거, 그게 참 기분이 더러워. 그러고 보니 내 소원이 하나 또 있네. 더 늦기 전에 아내 금반지를 해줘야겠어."

그때 뒤편에서 짧은 클랙슨 소리가 울렸다. 데이비드의 차였다. 태양은 기다렸다는 듯이 차에 오르며 주차반장에게 말했다.

"좋은 얘기 감사합니다. 소원을 꼭 이루세요. 특히 반지 소원은요."

"그래, 고맙다. 다음엔 네 소원도 들어보자."

주차반장이 크게 웃으며 손을 흔들었다. 차가 경사로를 내려가는 동안 태양은 흥분된 목소리로 말했다.

우리는 여행을 통해 삶의 의미를 깨달을 수 있다.

“매일 보는 길인데도 오늘은 색다른 느낌이 드네요. 뭔가 삶을 다르게 보게 됐다는 느낌. 모든 게 다 의미가 있는 거 같아요. 오늘 세 명에게 버킷리스트를 물어봤는데요, 그러고 보니 모두 50대 남자네요. 그 분들은 금방 대답하시더라고요. 난 절대 안 되던데.”

“50대 남자들은 많은 일을 겪었거든. 그러니 마지막 소원도 나름 구체적으로 생각해본 적이 있겠지. 자네도 그 나이가 되면 자신이 원하는 걸 알게 되거나 아예 원하는 게 없을 수도 있어. 어쩌면 소원을 대부분 이루었거나.”

태양은 요리사와 경비반장, 주차반장의 소원을 들려주었다.

“모두 여행이 첫 번째 소원이에요.”

"여행은 정말 중요하지. 젊었을 때 여행은 더 중요해. 여행은 인생에 중요한 순간을 마련해 주거든. 그래서 '여행을 떠나지 않는 자는 편견에 가득 찬 사람이다'라는 격언이 있고, '세계는 한 권의 책이며 여행하는 사람은 그 한 페이지를 읽는 것이다'라는 명언이 있는 거야. 여행은 지금 여기를 두고 떠나는 거네, 떠나야 낯선 세계를 만날 수 있지. 그래서 여행은 떠남이지만, 만남이지."

"하긴, 저도 프랑스 유학을 첫 번째로 꼽았으니까요. 그런데 경비반장님, 부인이 돌아가셨대요. 몰랐어요."

"그래, 3년 전엔가 4년 전엔가 암으로 작고했지."

"경비반장님이 그러시더라고요. 죽기 전에 이루고 싶은 버킷리스트도 중요하지만 후회하는 일을 기록하는 것도 중요하다고요. 그런데 왠지 후회리스트는 끝이 없을 것 같아요."

"사람이란 게 다 그렇지. 늘 후회하면서 사는 거 아닌가? 그래, 태양 군은 어떤 일이 가장 후회되지?"

"글쎄요, 공부를 열심히 하지 않은 것 아닐까요?"

"그건 후회할 거리도 아니구만. 아직 나이도 어린데 공부야 이제부터라도 하면 되지. 후회리스트를 버킷리스트로 바꾸면 꿈을 이룰 수 있어."

"그런데 노다지, 아니, 데이비드 아저씨의 버킷리스트는 뭐죠?"

"노다지? 그게 내 별명인가? 하하 재미있군. 노다지는 금덩이지. 내 이름은 노다비야. 나 역시 남자고, 60대니까 자네가 조사한 세 명과 그리 다르지 않을 거야."

"그래도 알고 싶어요."

"내 버킷리스트를 들려주는 일은 어렵지 않아. 단 조건이 있네. 자네의 리스트와 내 리스트를 바꾸어 보는 거."

"전 멋진 버킷리스트를 작성할 자신이 없어요."

"정태양 군, 버킷리스트는 그리 거창한 것이 아니야. 세 사람의 소망에서 그것을 알 수 있었을 텐데."

"그렇긴 하지만요, 제가 궁금한 것은……."

빨간색으로 신호등이 바뀌자 데이비드는 차를 멈추고는 태양을 바라보았다.

"자네가 궁금한 게 뭔지 말해볼까. 어떻게 꿈을 이루느냐겠지. 어떤 의미에선 버킷리스트는 중요하지 않아. 중요한 건 그걸 이루는 방법이지."

"네, 맞아요. 그걸 알고 싶어요."

신호가 바뀌자 데이비드는 차를 출발시켰다. 부드러운 엔진 소리가 들려왔다.

"자네가 호텔 사장이 되고 싶다고 해보지. 멋진 호텔을 짓고 사장이 되는 거야. 근데 방법을 몰라. 그렇다면 어떻게 하면 될까? 나라면 직접 사장을 찾아가 비결을 물어보겠네."

"에이, 일개 사원이 어떻게 사장을 찾아가요. 게다가 경영 비밀을 물어본다고 쉽게 말해주겠어요?"

"글쎄, 그런 이야기는 해본 다음에나 해야 하는 거 아닌가? 자네는 사장을 찾아갈 시도를 해본 적도 없잖아?"

"그런 걸 꼭 해봐야 아나요? 그냥 무작정 사장실로 들어갈 수도 없는 거잖아요."

"왜 안 되지? 사장이 어떻게 나올지는 직접 가봐야 알 수 있는 거 아닌가? 물론 사장이 말해주는 비법 따윈 자네에게 아무런 도움이 되지 않을 테지만."

"왜죠? 성공한 사람의 비법이 도움이 되지 않는다고요?"

"사장은 말야, 분명 이렇게 말할 거야. 열심히 일하라, 기회를 놓치지 마라, 좋은 사람을 사귀어라, 변화를 추구하라."

"에게, 그런 얘기는 누구나 할 수 있는 거잖아요. 사장님은 뭔가 다른 말씀을 하실지도 모르잖아요."

"아니, 일반적인 이야기밖에는 해줄 수 없을 걸세. 사장은 자네가 아니니까."

"그게 뭐예요. 그럼 방법이 없는 거네요."

"방법이 없긴 왜 없어. 자네 스스로 찾으면 되지."

"전 아는 게 없어요. 대학 졸업장도 없는 걸요. 기술도 그저 그런 요리사에 불과해요. 길 찾는 건 쉽지 않아요."

"내가 미젼플라세가 무슨 뜻이라고 했지?"

"준비를 완벽하게 갖추어라."

태양은 질문이 끝나기도 전에 벨을 누르는 퀴즈쇼의 참가자처럼 자신 있게 대답했다.

"준비를 완벽하게 갖추지 못하면 어떻게 해야 할까?"

"포기해야 하나요?"

태양이 말꼬리를 흐리자 데이비드는 고개를 저었다.

"여기에 두 사람이 있다고 생각해보자구. 일단 스미스와 존이라고 하지. 두 사람 모두 지구가 둥글다는 것을 증명하고 싶었네. 가장 좋은 방법은 어느 곳에서든 출발해서 똑바로 나아가는 거야. 그러면 지구를 한 바퀴 돌아 다시 집으로 돌아오게 될 테니까. 그런데 중요한 것은 똑바로 나아가는 것일세. 집이 있으면 그 집을 돌아서 가지 않고 지붕을 올라갔다가 내려와야 하고 산이 있으면 산을 넘어야 하고 강이 있으면 일직선으로 강을 건너야 하네. 그래서 스미스는 여행에 필요한 물품을 적어나가기 시작했지. 먼저 사다리가 필요하고, 강을 건너기 위해서는 배가 필요하고, 그 배를 실을 자동차가 필요하고, 밧줄이 필요하고, 튼튼한 신발이 필요하고."

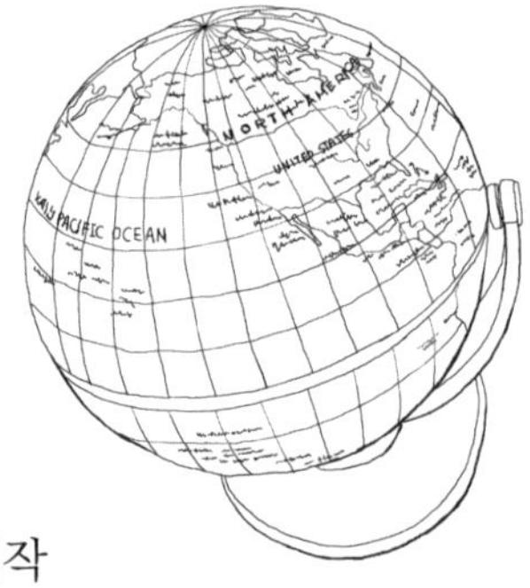

"준비할 게 끝이 없겠어요."

"그렇지. 그래서 스미스는 출발할 수 없었어. 그런데 존은 전혀 준비를 하지 않았어. 필요한 거 몇 가지를 하긴 했겠지. 하지만 치밀하진 않았어. 그저 어느 날 가방을 하나 둘러매고는 집을 떠났지. 지구가 둥글다는 것을 보여주겠다는 말을 남기고는 홀연히 떠났지. 스미스는 그런 존을 비웃었다네. 그렇게 7년이 지난 어느 날 존이 집을 나갔던 반대 방향에서 걸어왔어. 완전 거지꼴이었지. 하지만 존은 스미스를 보자마자 큰소리로 외쳤네. 여보게, 스미스, 지구는 둥글더군. 그런데 아직도 자네는 준비만 하고 있나?"

태양이 데이비드를 보았다.

"자네라면 누가 되고 싶나?"

"아마도, 존이겠죠."

"미젼플라세가 필요할 때도 있지만 존 같은 마음가짐이 필요한 때도 있어. 때로는 기차표가 없어도 기차에 올라타야 할 때가 있지. 일단 시작하면서 중간에 계획을 수정해도 늦지 않거든. 먼저 시작할 것. 무엇을 시작하고, 왜 시작하고, 어떻게 시작해야 하는지를 결정하는 것은 역시 자네 몫이야. 버킷리스트를 작성했으면 그것을 어떻게 이룰지 스스로 고민해보게. 간절하면 답이 보일거야. 그 다음엔 직접 행동에 옮기게."

넌 소원이 뭔데?

집으로 돌아온 태양은 노트를 펼쳐 놓고 첫 번째 소원을 이루기 위해 무엇을 해야 할까 고민했다.

프랑스 유학 가기

❶ **일단 돈을 모은다** : 그런데 얼마만큼? 무조건 많이 모으면 될까? 어떻게 하면 돈을 모을 수 있을까? 월급의 대부분을 저금해야 할까? 주식에 투자해야 하나? 다른 아르바이트를 뛸까?

❷ **프랑스어를 배운다** : 유학 가려면 프랑스어를 배워야지. 그런데 어디서? 어쩌면 영어가 더 필요할지도 몰라.

❸ **프랑스에 대해 공부한다** : 내가 프랑스에 가려는 이유는? 에펠탑이나 개선문을 보기 위해? 프랑스산 포도주를 맛보기 위해? 최고의 요리사가 되려고? 프랑스에 대해서는 무엇을 먼저 공부하지? 역사, 정치, 문화?

태양은 프랑스어를 배운다는 문구를 지우고 '영어를 배운다'로 바꿔 썼다. 영어를 어디에서 어떻게 언제 배울까? 1년 정도 배우면 기본적인 회화는 가능할까? 학원비는 얼마지? 어디가 좋을까? 나 같은 초보자도 가능할까?

갑자기 머릿속이 혼란스러워졌다. 생각해야 할 것이 너무 많았다. 스스로 답을 찾기가 어렵다는 사실이 태양의 머리를 더 어지럽게 했다. 태양은 다시 처음부터 노트를 작성해 나갔다. 일단 먼저 커다란 줄기를 만들기로 했다.

'가장 중요하고 가장 급한 것부터 해결해나가자.'

"가장 중요한 문제에 부딪쳤군. 음, 돈 문제는 역시 데이비드 아저씨에게 물어보는 게 좋겠다. 아니, 관리부 재무부장님이 괜찮을 거 같아. 그 분은 재테크에 일가견이 있다니까 다음 주에 시간을 내서 면담을 해야지."

첫째: 프랑스에 가려는 목적은 무엇인가?
답) 세계적인 일류 요리사가 되기 위한 단계이다.
둘째: 영어공부를 어떻게 할 것인가?
답) 우리 호텔의 영어 강사를 찾아가 도움을 청한다.
셋째: 돈을 어떻게 모을까?
답) 현재로선 알 수 없음.

태양은 노트를 살펴보았다. 처음보다 많이 정리된 느낌이었다.

"그래. 이런 식이라면 내 꿈을 이룰 수 있겠어. 이제 두 번째 리스트와 세 번째 리스트를 작성해볼까?"

그때 핸드폰 벨이 울렸다. FP 파트의 김잎이었다.

"지금 뭐해?"

"집에서 뒹굴거리고 있어."

"잘 됐네. 나 지금 보드게임하러 갈 건데, 같이 가자."

잎은 보드게임을 좋아했다. 몇 년 전부터 보드게임 동호회에 가입해 매달 게임에 참여하는 것이 큰 행사였다.

"난 보드게임 할 줄 몰라. 그리고 회원도 아니잖아."

"회원이 아니어도 관람할 수 있어. 내 친구니까 괜찮아. 너도 보드게임 해봐, 아주 재밌어. 두뇌개발에도 좋고 다양한 사람도 만날 수 있고."

잠깐 망설이던 태양은 그러겠다고 했다. 특별한 취미를 가지고 있는 잎이 부러웠고 이제 자신도 무언가를 배우고 싶다는 생각이 들었기 때문이다.

잎과 함께 도착한 곳은 사무실이 즐비한 골목의 조용한 카페였다.

"오늘은 카페 사장님이 주선자야. 회원들이 돌아가면서 한 번씩 장소를 제공하는데, 오늘 이 카페가 결전장인 거지."

태양은 김잎 옆에 앉아 카탄이라는 보드게임을 지켜보았다. 다섯 명씩 두 팀으로 나누어 게임이 진행되었다. 태양은 멀거니 게임을 지켜보았다. 김잎은 두 눈을 반짝이며 간혹 탄식을 하고 이맛살을 찌푸리고 무릎을 치며 게임을 했다. 다른 사람들도 마찬가지였다. 육각형 판 위에 주사위를 던져 집을 짓고, 카드를 주고받고 전략을 세웠다. 게임에 몰두한 김잎은 태양이 알던 김잎과는 사뭇 분위기가 달랐다.

두 시간이 조금 넘어 게임이 끝났다. 김잎이 우승했다. 우승 상품은 만 원짜리 문화상품권 한 장이었다. 겨우 만 원이라는 말에 태양은 김이 빠졌지만 모두들 부러운 눈으로 김잎을 바라보았다. 그는 매우 흥분된 표정으로 상품권을 받으며 다음 경기에서도 연속 우승을 할 것이라고 기염을 토했다. 돌아오는 전철 속에서 태양은 그에게 물었다.

"난 네가 보드게임에 취미가 있다는 것은 알았지만 이렇게 잘하는 줄은 몰랐어."

"그저 보통이야. 나보다 더 잘하는 사람도 많아. 보드게임은 여러 가지 면에서 즐거운 취미지. 첫째는 스트레스를 해소할 수 있어서 좋아."

"전략을 짜내야 하는데도?"

"전략을 짜면서 스트레스를 날려버리는 거지. 너도 배워봐."

"그럴까? 꼭 보드게임이 아니더라도 무언가 한 가지는 배울 생각이야. 운동이 되었든, 게임이 되었든, 등산이 되었든. 그동안 나는 너무 무미건조한 삶을 산 것 같아."

"왜 갑자기 그렇게 우울한 생각을 해."

"아냐, 우울하지 않아. 지난날을 되돌아보고 앞날을 설계하려는 거지. 참, 너한테 묻고 싶은 게 있는데 말야, 만약 1년 후에 네가 죽는다면 그 전에 꼭 뭘 해보고 싶어?"

"뭐야, 갑자기 그런 건 왜 물어?"

"그냥 사람들이 어떤 꿈을 안고 살아가는지 궁금해서."

취미는 삶을 풍요롭게 해주는 활력소다.

"흠. 죽음이라는 단어가 듣기 좋지는 않지만 너니까 대답해주지. 독일 퀼른에서 2년에 한 번씩 세계보드게임대회가 열리거든. 방금 전에 내가 했던 카탄이란 게임도 독일에서 만든 거야. 그 대회에 참가해 1등을 하는 것이 죽기 전의 내 소원이야."

"그 소원은 이룰 수 있겠네."

"이룰 수 있어야 소원이지, 이룰 수 없으면 소원이 아니라 몽상이나 망상이지."

"근데 게임에 빠진 사람들은 아무것도 못하고 게임만 하던데, 그거 중독성 있는 거 아니냐?"

"야, 내 생활을 못할 정도로 게임에만 빠지면 그게 무슨 재미가 있고 의미가 있냐. 난 첫째는 직업인, 둘째는 생활인, 셋째가 게임인이야. 게임은 취미이자 활력소인 거라고. 재미있으면 의미있는 것이고 의미가 있으면 더 재미있어져."

"오호, 그런가. 나름 멋있다. 그래 좋아, 이제 두 번째 소원은 뭐야?"

"언젠가 일요일 아침에 텔레비전을 켜니까 '최후의 원시부족'이라는 프로를 하더라구. 아마존에 사는 메이나꾸라는 부족이 나왔는데 그곳에 가서 그 사람들과 한 달만 살고 싶어."

"왜?"

"자연으로 돌아가 자연인으로 살고 싶어서. 근사할 거 같지 않냐?"

"글쎄 난 잘, 아무튼 오케이. 그럼 세 번째는?"

"딱 일주일만 돈을 실컷 쓰고 싶어. 원 없이. 살 거 사고, 먹을 거 먹고, 생각만 해도 너무 신나지 않니."

"두 번째 소원이랑 세 번째 소원이랑 너무 극과 극인 거 아니냐?"

"원래 사람은 다양성을 꿈꾸는 거야. 그래 너는? 넌 소원이 뭔데?"

태양은 갑자기 할 말을 잃고 말았다. 다들 즐거운 얼굴로 술술 말하는 버킷리스트가 왜 자신한테는 없는 것일까?

대답을 기다리는 친구 앞에서 태양은 얼음물을 뒤집어쓴 것처럼 굳어버렸다. 사실 소원을 말하지 못하는 이유는 간단했다. 그동안 아무것도 진지하게 바라지 않았기 때문이다. 그러니 당연히 진지한 계획도 진지한 행동도 나올 리가 없었다.

태양은 망연자실하며 흔들리는 지하철 벽에 등을 기댔다.

30세, 여, 호텔리어의 버킷리스트

스위트룸에서 1년 동안 살기

홍대 앞 클럽에서 밴드 활동하기

아르헨티나에서 탱고 배우기

35세, 여, 공연기획자의 버킷리스트

금강산 종주하기
배우들 파티에서 프리허그하기
강남에 건물 하나 사기

12세, 여, 초등학생의 버킷리스트

새끼 고양이 키우기

성적 많이 올라 부모님 기쁘게 해드리기

샤이니 싸인 받기

BUCKET CASE

시간을 아끼려 15개의 치아를 한꺼번에 교체한 CEO

직원 100여 명에 연간 매출액 1,000억 원을 올리는 H사의 CEO인 K사장(58세)은 H사를 경영한 지 10년이 흘렀다. 처음 그가 사장으로 부임했을 때 회사의 직원은 20여 명이었고 매출액은 100억 원 정도를 오르락내리락했다. 10년의 세월 동안 그는 여름휴가 한 번 제대로 가지 못하고 늘 일에 매달려 회사를 업계 10위권 내에 드는 안정적인 기업으로 탈바꿈시켰다.

그런데 몇 년 전부터 심각한 고민이 하나 생겼다. 너무 이를 꽉 깨물일이 많아서였을까? 그는 이빨이 참을 수 없을 만큼 아팠다. 그동안 이가 아파오면 '병원에 가야지' 생각하면서도 일에 바빠 진통제로 버틴 게 몸을 더 악화시켰던 것이다.

그렇게 미루고 미루다가 결국 어느 봄날, 그는 더 견디지 못하고 지인의 추천으로 유명하다는 치과병원을 찾아갔다. 치아를 검진한 의사의 첫마디는 "참, 대단하시군요"였다.

"뭐가 대단하다는 거요?"

"이렇게 아픈 이를 여태 참아왔다니, 정말 놀랍습니다."

의사는 혀를 내두르며 당장 치료를 하지 않으면 남은 삶이 몹시 고달플 것이라고 충고했다.

"우선 안쪽에 있는 이부터 뽑고 임플란트를 해넣고, 그게 아물면 또 뽑고……. 15개를 교체해야겠습니다."

그러면서 의사는 치료가 끝나려면 최소한 1년은 걸린다고 말했다. 상담을 마치고 집으로 돌아온 K사장은 곰곰이 생각하다가 3일 후 다시 병원을 찾았다.

"이를 하나씩 뽑지 말고 한꺼번에 전부 뽑고, 한꺼번에 전부 임플란트를 해주시오."

의사는 너무 놀라 입을 쫙 벌리고는 다물 줄을 몰랐다.

"그렇게 하면 고통이 너무 심해 견딜 수 없습니다."

"고통이 심한 것은 내 문제이니 그렇게 해주시오. 나는 시간이 부족해 1년씩이나 치료를 받을 수 없어요. 내게 중요한 것은 시간이오."

의사는 극구 말렸지만 K사장의 고집이 너무 완강해 결국 한꺼번에 15개의 이를 뽑고 새 이로 교체하는 대수술을 감행했다.

"제가 치과의사 생활 16년 만에 이빨 15개를 한꺼번에 뽑기는 처음입니다."

이틀을 쉰 다음 회사에 출근한 K사장은 통증이 심해 식사는커녕 말도 제대로 하기 힘들었다. 몇몇 간부들이 조심스레 찾아와 안부를 물었지만 K사장은 그마저도 귀찮았다. 제발 아무도 자신을 찾지 않았으면 싶었다. 그러나 일은 그의 사정을 봐주지 않았다. K사장은 매출과 마케팅에 관련된 중요 서류를 펼치고, 터질 듯한 입 언저리를 왼손으로 꽉 누르면서 오른손으로 힘들여 사인을 해나갔다.

직원들이 모두 점심을 먹으러 나간 사이에 그는 사장실에 혼자 우두커니 앉았다. 그리고 햇빛이 눈부신 봄날의 창밖을 하염없이 바라보았다. 도로를 질주하는 자동차들을 보면서 문득 지나온 날들이 떠올랐다.

한 번도 쉬지 않고 달려온 세월이었다. 성공을 위해, 명예를 위해 멈추지 않고 달려왔다. 성공이 무엇이기에, 돈이 무엇이기에 아픈 몸을 치료하지도 못할 만큼 일에 쫓긴단 말인가? 왜 이렇게 고통에 몸부림을 친단 말인가? 무엇을 위해서?

그때 다시 통증이 전해졌다. K사장은 호주머니를 뒤져 약을 꺼내 삼킨 다음 '치료가 끝나면 맛있는 것을 실컷 먹어야지' 라고 생각했다. 그러다가 뒤이어 여러 생각들이 줄을 이어 나왔다. '지리산에 가본 지 너무 오래됐어. 회사 경영을 맡고 10여 년이 흐르는 동안 회사 걱정에 가족들과 여름휴가 한번 제대로 가지 못했어. 결혼기념일에 아내와 오붓이 여행을 가고 싶었는데…….'

그는 책상 위에 있는 종이 하나를 집어 그 위에 방금 한 결심을 적었다.

① 맛있는 것을 실컷 먹는다
② 결혼기념일에 아내와 여행을 떠난다
③ 가족과 함께 지리산에 간다

세 가지 계획을 바라보다가 K사장은 한숨을 절로 내쉬었다.

"도대체 이 일이 뭐가 어렵다고 여태 하지 못하고 지냈지? 가족과 여행 한 번 제대로 못하고. 도대체 나는 지난날 무엇을 한 거지? 이처럼 쉬운 일도 못하고 살다니. 내가 인생을 제대로 사는 것일까?"

K사장은 다시 몸을 돌려 창밖을 바라보았다. 여전히 차들이 질주하고 있었다. 저 멀리 높이 솟은 건물들과 아파트 단지가 보이고, 공원이 보이고, 허름한 집들이 보이고, 그 사이에 끝이 검게 그을린 목욕탕 굴뚝이 보였다.

"흠, 저곳에 목욕탕이 있었군. 여태 그걸 몰랐다니. 그러고 보니 공중 목욕탕에 간 지도 너무 오래되었어. 중학교 때만 해도 아버지와 함께 일요일마다 목욕탕을 갔는데."

그는 쓸쓸한 미소를 짓고는 메모지에 네 번째 소원을 적어 넣었다.

④ 일요일에 아들과 목욕탕 가기

그는 아들보다는 아버지와 가기를 원했지만 이제는 그 소원을 이룰 수 없었다.

"휴- 아버지 돌아가시기 전에 한 번이라도, 딱 한 번만이라도 함께 목욕탕엘 갔으면 좋았을 걸! 왜 나는 그토록 쉬운 일도 하지 못했을까. 아버지 등을 시원하게 밀어드렸으면……. 아, 아버지에게 드릴 수 있는 마지막 선물을 놓쳐버렸어."

K사장은 시큼해지는 눈시울을 가만히 누른 뒤 창밖을 응시했다. 형형색색의 차들은 여전히 도로를 신나게 질주하고 있었다. 그는 그동안 앞만 보고 달리는 차를 몬 것 같은 느낌이 들었다. 브레이크는 없고 가속 페달만 달려 있는 차. 주변에 멋진 풍경이 있어도 그것을 구경하지 못하고, 맛있는 집이 있어도 내려서 먹지 못하고, 재미있는 구경거

리가 있어도 그것을 바라보지 못했다.

이제는 그 차에서 내리고 싶었다. 달리는 도로에서 내려와 길을 걷고 싶었다. 집들을 구경하고 골목을 구경하고 사람들이 사는 모습을 보면서 천천히 길을 걷고 싶었다. 질주하는 도로에서 내려 여유롭게 길을 걷고 싶었다.

K사장은 물 한 잔을 삼키고는 자신의 버킷리스트를 다시 읽었다. 그러고는 1번을 지웠다. 자신 혼자만 맛있는 것을 먹어서는 안 될 것 같은 생각이 들었다. 자신보다 가난하고, 더 힘이 없고, 몸이 더 아프고 나이가 든 노인들에게 양보를 하고 싶었다. 지금 이 시간에도 쓸쓸한 시간을 보내고 있을 많은 외로운 노인들이 떠올랐다. K사장은 펜을 들어 깨끗한 종이에 자신의 버킷리스트를 새로 썼다.

● 나의 버킷리스트 ●

① 양로원에 매년 익명으로 기부하기

② 결혼기념일에 아내와 여행을 떠난다

③ 가족과 함께 지리산에 간다

④ 일요일에 아들과 목욕탕 간다

"너무 쉬운 일이 내 소망이었어. 행복! 그걸 지금 깨닫다니."

따뜻한 밥 한 그릇

- 자기 자신을 행복하다고 생각하지 않는 인간은 결코 행복해질 수 없다.
  큐로스

- 오늘 할 수 있는 일에 최선을 다하라.
  그러면 내일 한 발자국 더 나아갈 수 있다.
  뉴턴

프랑스에 갔던 시찰단이 돌아왔다. 태양은 출근하자마자 프랑스에서 돌아온 직원들에게 여러 가지를 묻고 싶었지만 그 사람들 모두 보고서를 작성하고 여기저기 인사 다니느라 아주 바빠 보였다. 그런데 요 며칠, 이상하게도 데이비드의 모습이 보이지 않았다. 태양은 프런트로 가 데이비드가 언제 나오는지 물었다.

"출근하시려면 열흘 정도 걸릴 겁니다."

"열흘씩이나요?"

태양은 허전한 마음이 들었지만 열흘 동안 뭔가 변화된 모습을 보여주기 위해 노력하리라 생각했다. 3일 후에 프랑스 시찰단 보고회가 있었다. 세 명이 20분씩 프랑스 견학과 견문 소감을 발표했다. 발표자 중에는 한가을도 있었다. 그녀는 아름다운 목소리로 프랑스가 바로 눈앞에 펼쳐진 듯 유려하게 설명을 해나갔다. 가을의 이야기를 듣다 보니 정말로 바로 앞에 에펠탑이 있는 것처럼 느껴졌다. 놀라움 반, 질투 반, 왠지 모르게 태양은 우울해졌다.

"저 사람들을 보낸 이유가 있었어. 나랑은 너무나 달라."

그날 저녁 주방을 청소하고 있는데, 주방문이 열렸다. 순찰 나온 경비반장인가 하고 고개를 드니 홍모래와 김잎이었다.

"야, 어쩐 일로 이런 누추한 곳에 행사냐?"

"누추는 무슨, 가장 중요한 데 아니냐? 먹는 거만큼 중요한 게 뭐가 있다고."

모래의 대답에 김잎도 맞장구를 쳤다.

"그럼! 우리 호텔의 영양 공급원이지. 식당은 모든 위장의 어머니, 아니 적어도 이모는 되는 곳이라고."

"얼씨구, 니들 죽이 잘 맞아서 좋겠다. 그런데 웬일이야?"

"이거 줄려고."

모래가 작은 상자를 내밀었다.

"뭔데?"

"뭐긴 뭐야, 세느강변에서 친구를 생각하며 거금을 쓴 결과물이지. 이래뵈도 프랑스 물로 만든 향수라고."

"그래, 프랑스 냄새라도 맡아보게 해줘서 고맙다."

태양에게 선물상자를 건네준 모래는 조리대 위에 있는 노트를 들었다.

"무슨 노트야? 나의 버킷리스트?"

"야, 아직 보면 안 돼."

태양이 당황하며 노트를 잡아채려 했으나 슬쩍 뒤로 빠진 모래는 노트를 펼쳤다.

"어, 소원 노트네. 여러 사람 소원이 적혀 있어. 너 뭐 조사하냐? 이게 네 소원인가 보네. 프랑스 유학. 음."

태양이 노트를 낚아챘다.

"너 프랑스 유학 가는 게 소원이냐? 하긴 요리사니까. 그럼 준비 많이 해야겠다."

"안 그래도 너 돌아오면 프랑스 얘기 좀 들으려고 했다. 꿈이라고 적긴 했는데 아는 게 있어야지."

"야, 고작 며칠 갔다 오고 그걸 어떻게 아냐? 프랑스 유학 갔다 온 사람한테 물어봐. 인터넷 동호회 같은 데서 정보를 구해도 되고. 나 같음 그럴 마음이 있었으면 벌써 여러 곳에 가입해서 활동하고 물어도 보고 그랬겠다."

"그러게, 진짜 그래야겠다. 참!"

태양은 노트를 펴고 펜을 들었다.

"너도 말 좀 해봐. 만약 1년 뒤에 죽는다면 넌 꼭 해보고 싶은 일이 뭐야?"

"나? 음, 난 체 게바라가 다닌 길을 모두 가보고 싶어."

"뭐? 체 게바라가 뭐냐?"

그 말에 김잎이 웃었다.

“봐, 이 자식 진짜 무식하다고 했지. 자기가 가지고 있는 티셔츠에도 있는데 누군지 도통 모르잖아.”

그 말에 태양이 김잎의 뒤통수를 가볍게 쳤다. 모래가 싱긋 웃으며 말했다.

“체 게바라는 라틴아메리카 혁명가야. 대학생이었을 때 친구랑 둘이서 오토바이를 타고 9개월 동안 남미를 일주했어. 아마 스물셋이었을 거야. 그러고는 혁명가가 됐어. 난 게바라가 여행한 그 길을 그대로 따라서 오토바이를 타고 남미를 여행하고 싶어.”

“뭐? 너도 혁명가가 될 거야?”

“이런! 난 내 삶의 혁명을 꿈꾼다고. 여행이 내 삶을 바꾸어 줄 거야. 아마 분명히 그럴 거야.”

“너 좀 대단한 거 같다. 오토바이 여행이라. 난 오토바이 못 타는데, 그렇다면 두 번째 꿈은 뭐야?”

“두 번째는 거대한 범선을 하나 사서 보물섬 찾는 거. 보물섬 찾기 전에는 절대로 돌아오지 않는 거.”

“바보가 또 있었군”

김잎은 배까지 움켜잡고 낄낄 웃었다.

“넌 좀 그만 웃어. 아무튼 됐고, 세 번째 꿈은 뭐야?”

“짜식들, 트로이를 찾아다니다 부자가 된 사람 이야기 따윈 말해줘도 모르겠군. 아무튼 내 세 번째 소원은 삼국지를 읽는 거야."

그 소리에 이번에는 태양도 웃음을 터트렸다.

"그럼 읽어. 뭐가 문제야?"

"그게 그렇게 간단한 문제가 아니야. 삼국지 같은 대작을 읽어 내려면 무엇보다 시간이 필요해. 이건 다른 시간을 포기해야 한다는 뜻이야. 별일 아닌 것처럼 보여도 실은 엄청나게 노력하고 애써야 가능하지. 내 생각이지만 너희 둘 다 삼국지는 안 읽어봤을 걸."

그 말에 태양과 김잎이 웃음을 멈추고 서로의 얼굴을 멍하니 바라보았다.

"좋아, 이번에는 질문을 바꿀게. 지금까지 왜 안 했을까 하고 후회했던 일이 있어?"

태양의 질문에 모래의 얼굴이 심각해졌다.

"글쎄, 아주 많지. 우리 강아지 땡이 죽기 전에 여행 함께 못 간 거, 프랑스에서 만난 예쁜 아가씨에게 끝내 말 못 걸어 본 거, 진짜 생각하기도 싫은 일들이 너무 많다."

"그중에서 가장 후회되는 것은?"

"세상을 열심히 살지 않은 것!"

작은 도시락

"아주머니, 수고가 많으시네요."

지하 복도에서 청소부 아주머니와 마주쳤다. 간혹 마주치기는 했지만 이렇게 환하게 웃으며 인사하기는 처음이었다.

"잠깐 쉬세요. 제가 커피 한 잔 뽑아드릴게요."

"아이고, 젊은이가, 고마워라."

아주머니는 정말 고마웠는지, 커피를 마시는 동안 주머니에서 사탕 한 알을 꺼내 태양의 주머니에 꾹꾹 눌러 넣어주었다. 그런 아주머니와 함께 커피를 마시며 태양은 버킷리스트를 물어보았다.

"내가 중학교 3학년 때, 그런데 난 고등학교도 나오지 못했어. 집이 가난해서 중학교도 겨우 다니고 도시락도 변변찮았지. 그마저도 못 싸가는 날도 있었고. 4월엔가 봄소풍을 가는데, 그러니까 내일 소풍을 간다면 오늘, 학교가 끝나기 전에 담임선생님이 나를 부르더라구. 무얼 잘못했나 싶었는데 내일 아침 일찍 교무실로 오라고 해. 그런데 소풍날 아침에 나는 하나도 즐겁지 않았어. 어쩔 수 없이 학교엘 갔지. 도시락도 없이. 선생님이 왜 날 불렀는가 싶어 교무실엘 갔더니 작은 도시락을 하나 주시더라구. 내가 점심을 못 싸올 줄 알고 김밥 하나를 더 싸가지고 오신 거야. 정말 눈물이 났어."

아주머니는 잠시 말을 잃고 한숨을 내쉬었다.

"김영식 선생님이라고, 아직 성함도 기억해. 내 소원은 그 분께 꼭 한 번 내 손으로 직접 밥을 해 드리는 거야."

아주머니가 눈물을 훔쳤다.

"거의 40년이 돼가니까 아마 환갑이 넘으셨을 거야."

"학교에 연락해 보세요. 아마 자료가 남아 있을 거예요."

"에고, 성공한 제자도 아니고. 무슨."

"성공이 뭐 별 건가요? 선생님을 기억하는 제자가 있다는 것만으로도 충분히 행복하실 거예요. 다른 소원은 없으세요?"

"없어. 식구들 건강하면 됐지 뭐. 그리고 이곳에서 쫓겨나지 않고 계속 일하는 거. 요즘엔 우리들 정리한다는 소문이 돌아서 밤에 잠도 안 와. 여기라도 못 나오면 정말 막막하거든. 아무튼 젊은이도 우리 같은 잡역부 자르지 말라고 윗사람들한테 말이나 해줘요."

툴툴 털고 일어서는 아주머니 뒷모습이 왠지 쓸쓸해 보였다. 태양은 그 모습을 오랫동안 바라보았다.

가을의 버킷리스트

일요일, 태양은 호텔 봉사회 회원들과 함께 봉사활동을 나갔다. 서울 외곽에 있는 장애인 시설이었다. 100여 명 정도 되는 아이들이 치료를 받고 교육을 받는 곳이었다. 시설 관계자는 아이들과 직접적으로 만나는 것은 승낙하지 않았다. 몇 주 전부터 연락을 하고 날짜를 잡았지만 직접 대면은 어렵다는 입장을 고수했다.

"여러분은 오늘 하루 봉사활동을 하는 겁니다. 고맙기는 해도 사실 하루는 누구라도 할 수 있어요. 아이들을 가엾게 여겨 하루 머물면서 그들을 이해한다고 생각하면 잘못된 생각입니다. 여러분의 그 마음이 아이에게 큰 상처를 주니까요. 오늘 봉사활동은 시설 보수로 만족해주시기 바랍니다. 저희가 야외에 창고를 짓고 화장실 세 칸을 지어야 하는데 그 일을 해주시면 고맙겠습니다. 설계도는 이미 있고 자재도 기증 받았습니다."

회원은 모두 16명이었다. 홍모래, 김잎, 한가을, 관리이사, 경비반장도 있었다. 창고 부지는 본관 옆에 있었고 야외 화장실은 운동장 구석에 있었다. 아이들이 운동장에서 놀다가 옥내 화장실로 이동하는 불편을 덜기 위해 야외 화장실을 짓는 것이다. 감독관이 한 명 있으나 그는 정말로 감독만 할 뿐 모든 일은 호텔 직원들이 해내야 했다. 관리이사가 감독관과 상의를 끝내고 창고를 맡기로 했다.

태양은 망치를 잡았다. 망치를 손에 쥐는 순간 가슴 속에서 뭔가가 불쑥 올라왔다. 꼬마 목수였을 때 느꼈던 감동이 다시 살아나는 것 같았다. 망치를 들고 관리이사 어깨 너머로 설계도를 들여다보던 태양이 무심코 한마디했다.

지미 카터 전 미국 대통령은 사랑의 집짓기를 통해 인류에 봉사하고 있다.

"출입문 위의 캔틸레버가 좀 작지 않을까요? 비라도 들이치면 낭팰 텐데."

관리이사는 깜짝 놀라 눈을 크게 떴다.

"태양군, 설계도를 볼 줄 아나?"

"아, 아닙니다. 정식으로 배우지는 않았고, 그냥 어깨너머로, 서당개 3년이면, 그러니까."

"뭘 그렇게 당황하나. 사실 그렇지 않아도 요게 짧지 않나 생각하던 참이었어."

"제 생각엔 우선 뼈대를 세운 후에 좀더 늘리면 될 거 같아요."

관리이사와 말을 마치고 돌아서는 태양의 눈에 자기를 바라보는 한가을이 보였다. 의외라는 표정이었다. 당황한 태양은 망치를 꺼내 휘휘 돌리다가 땅으로 떨어뜨렸다. 하지만 유능한 목수는 두 번 실수하지 않는 법. 능숙하게 합판을 자르고, 못질을 하고, 톱으로 각목을 자르고, 전기선을 잇고, 스위치를 달았다. 땀을 흘리며 망치질을 하는 태양 곁으로 모래가 다가와 기다란 각목을 건네주었다.

"대단하다. 진짜 목수해도 되겠어. 가을 씨가 너 칭찬하더라."

순간 태양의 손이 헛나갔다.

"자식, 당황했나 보네. 너 땀 흘리는 모습이 괜찮아 보인대. 사람은 저렇게 일할 때가 제일 멋있다고 하더라."

"야, 멋있기는 무슨."

말은 그렇게 해도 태양의 얼굴은 이미 빨개져 있었다.

12시가 되자 종이 울렸다. 점심 식사를 알리는 소리에 모두 일손을 멈추고 점심을 먹기 시작했다. 야외에서 먹는 밥은 정말 오랜만이었다. 왠지 새로운 기운이 솟는 느낌이었다.

오후 일이 시작되자 태양은 오전보다 더 열심히 일을 했다. 오늘 창고를 다 완성하고픈 욕망이 들었다. 그 옛날 외삼촌을 따라다니며 일을 하던 기억이 새록새록 떠올랐다. 주위가 어둑어둑해질 무렵 땡땡땡 종이 울렸다. 오후 6시였다. 창고는 외관을 마무리 지었다. 관리이사와 경비반장이 다가와 태양의 어깨를 두드렸다.

"오늘 수고했네. 자네가 아니었으면 이만큼도 못했을 거야."

"아닙니다. 제가 무슨."

"하하. 자네는 이제 우리에게 꼭 필요한 사람이 되었어."

태양은 버스에 올라 창문 옆 자리에 앉았다. 뒤따라오던 모래가 옆에 앉으려 하다가 뒤를 보았다. 그 뒤에 한가을이 서 있었다.

"아, 가을 씨, 여기 앉으세요. 난 저 뒤에 앉을게요."

태양은 순간 당황해 아무런 말도 하지 못했다. 한가을은 잠시 머뭇거리다가 태양 옆에 앉았다. 차가 출발하자 태양은 줄곧 창밖만 바라보았다. 무슨 말을 어떻게 꺼내야 할지 몰랐다. 출발한 뒤 5분쯤 지나 한가을이 입을 열었다.

"일을 참 잘하세요."

"뭐 그저. 그냥."

"호호, 수줍음도 많이 타네. 봉사활동하니까 좋죠?"

"네."

"앞으로도 계속 참가하세요. 정태양 씨가 있으면 우리가 힘이 날 것 같아요."

태양은 얼굴이 빨개졌다. 여자에게서 칭찬을 받기는 오늘이 처음이었다.

"항상 지하에만 있으면 기분이 우울하지 않나요?"

"가끔 그래요. 하지만 늘 지하에만 있는 건 아니니까."

"앞으로 커피숍에 오면 내가 맛있는 커피를 대접해 드릴게요. 커피 좋아하세요?"

"그럭저럭…… 아니요, 좋아해요. 엄청 많이."

"호호. 고향이 서울이세요?"

"아니. 저 시골."

"난 고향이 시골인 사람이 부러워요. 항상 산과 들을 볼 수 있고……. 오래된 기와집 대청마루에 앉아 시원한 바람을 맞으며 우두커니 앉아 있고 싶을 때가 있어요."

"그게 가을 씨의 버킷리스트인가 보죠?"

"버킷리스트? 그 영화를 봤나요? 나도 그 영화를 봤어요."

"난 그 영화를 보지는 않았어요. 데이비드 반장님, 그 반장님이 알려주었어요."

"꼭 한번 보세요. 그 영화에서 주인공 두 사람은 20가지의 버킷리스트를 정하죠. 그 리스트가 너무 마음에 들어 저는 지금도 기억하고 있어요."

- 눈물이 터져나올 때까지 실컷 웃어보기
- 세상에서 가장 아름다운 여성과 키스해보기
- 스카이다이빙 해보기
- 영국의 스톤헨지 방문하기
- 파리의 루브르박물관을 1주일간 구경하기
- 만리장성에서 모터사이클 타기
- 홍콩 관광
- 빅토리아 폭포 관광
- 생면부지의 사람을 만나 좋은 일 하기
- 나날의 작은 일에서 삶의 큰 기쁨을 찾기

"이 중에서 가장 마음에 와닿는 것이 무엇인지 아세요?"

"음, 홍콩 관광이나 세상에서 가장 아름다운, 아니 잘생긴 남자와 키스해보기 아닐까요?"

"호호. 아니에요. 나날의 작은 일에서 삶의 큰 기쁨 찾기예요. 뭐랄까, 아침에 뜨는 태양, 여름날의 장대비, 한 잔의 커피, 길가의 돌멩이, 길 잃은 고양이…… 그런 것들이 죄다 삶의 행복이죠."

"그럼 가을 씨의 진짜 버킷리스트는 무엇이죠?"

질문을 받은 한가을의 얼굴이 저녁노을을 받아 붉게 물들었다.

"응. 그러니까. 그 영화를 보고 한참 생각을 했는데, 이런 이야기는 아무에게도 하지 않았지만…… 2년 전에 친구와 함께 네팔에 간 적이 있었어요. 친구가 꼭 그곳에 가보고 싶다고 해서 덩달아 따라갔죠. 그런데 네팔에서는 아이들이 일을 하고 어른들은 놀더군요. 수백 년 동안 내려온 관습이래요. 믿어지지 않더군요. 그래서 아이들이 다섯 살 정도 되면 노동을 시작하고 어른들은 마흔이 넘으면 아무런 일도 하지 않아요. 우리의 상식과는 완전히 딴판인 정말 기형적인 나라였어요. 친구와 어느 작은 마을엘 갔는데, 커다란 강이 흐르고, 그곳에 돌산이 있는데 사람들이 산에서 돌을 캐다가 잘게 부수는 일을 하더군요. 그 돌을 도시에 팔아 생계를 유지하는 것이었어요. 그런데 그 일을 전부 10살 전후의 아이들이 하고 있는 거예요. 나는 너무 놀라 입이 다물어지지 않았죠. 그 아이들

아직도 세계 여러 나라에서는 어린이 노동이 행해지고 있다.

은 학교도 가지 못 했어요. 알고 보니 그곳에는 학교도 아예 없었어요. 어른들은 학교를 지을 생각조차 하지 않지요."

태양은 혼란이 일었다. 정말 그런 곳이 있을까 싶었다.

"내가 돈을 좀 벌면, 사실 돈은 그리 많지 않아도 돼요. 그곳에 작은 학교를 세우고 싶어요. 그리고 아이들을 가르치고 싶어요."

태양은 숙연한 마음으로 고개를 끄덕였다.

"이게 제 첫 번째 버킷리스트예요."

"숭고한 꿈이네요. 불가능한 꿈도 아니고. 꼭 이루세요."

"호호 고마워요. 두 번째는 머리끝부터 발끝까지 명품으로 치장을 한번 해보고 싶어요."

태양은 깜짝 놀라 한가을을 바라보았다. 첫 번째 소망과 너무 다른 꿈이었다.

"뭘 그렇게 놀라세요. 하지만 이 꿈은 모든 여자들의 로망이에요. 루이비통이나 아르마니, 프라다, 베르사체, 발리, 버버리, 발렌티노, 샤넬, 입센로랑, 까르티에르 뭐 그런 것들로 온몸을 휘감고 싶어요. 호호, 그런다한들 날 명품에 눈이 먼 여자로 생각하지는 마세요. 여자의 본능이랄까. 죽기 전의 마지막 소원인데 한번쯤 멋진 명품으로 치장해봐야 하지 않겠어요. 여자니까요."

"듣고 보니 그렇네요. 그것도 꼭 이루세요."

"꼭 이루고 싶지는 않아요. 그저 해보고 싶다는 거죠."

"세 번째는 뭐죠?"

"그림을 그려서 개인전을 열고 싶어요. 난 초등학교 때부터 그림이 무척 그리고 싶었는데 소질은 없었어요. 그래서 포기했죠. 보는 것으로 만족해야 했어요. 그런데 요즘은 그 욕망이 다시 살아나요. 그림을 배워서 한가을 개인전을 소소하게 열고 싶어요."

"멋진 꿈이네요."

"내가 개인전을 열면 태양 씨도 꼭 오세요."

"꼭 가겠습니다. 예쁜 꽃다발을 들고."

태양은 짝궁에게 생일초대장을 받은 아이처럼 들떴다.

37세, 여, 엔지니어의 버킷리스트

배우자와 세계여행을 하면서 다양한 사람들과 다양한 문화 체험하기

내 모든 친구들을 모아 신나게 파티하기

부모, 형제들과 크루즈 여행하기

30세, 남, ○○정당 당직자의 버킷리스트

사랑하는 사람과 배낭 메고 세계일주 후 에세이 출판하기

헌혈 300번 하기

울트라 마라톤 도전하기

사하라 사막 횡단 마라톤 도전하기

소중한 세 번째 꿈

- 그대가 자신의 불행을 생각하지 않게 되는 가장 좋은 방법은 일에 몰두하는 것이다.
  베토벤

- 인생의 마지막 날에 이르러 해야 할 일을 하지 못했다는 사실이 우리를 슬픔과 절망에 빠지게 한다.
  브라우닝

열흘 후에 출근한다던 데이비드는 열흘에서 3일이 더 지난 후에 호텔에 나왔다. 객실 룸서비스를 마치고 돌아가던 태양은 데이비드를 1층 로비에서 보았다. 그런데 그는 직원의 복장이 아니라 손님의 복장이었다. 고급 양복을 입고 프런트에서 직원과 이야기를 나누고 있었다. 데이비드를 보자마자 태양은 반가운 마음과 의아한 마음, 서운한 마음이 동시에 들었다.

"아, 태양 군, 오랜만일세."

"데이비드 아저씨, 전 아저씨가 영원히 사라진 줄 알았어요. 어쩜 그러실 수 있어요?"

"미안하네, 그동안 이런저런 일로 바빴지. 잘 지냈나? 몇 사람이 자네 이야기를 하더군. 멋진 실력을 발휘했다고."

태양은 부끄러운 생각이 들어 머리를 긁적였다.

"뭘요. 그냥 열심히 일한 것뿐이에요."

"열심히 일하는 자세가 중요하지. 그런데 내가 지금 급한 일이 있어 가야 하네."

데이비드는 시계를 보며 프런트에 말했다.

"차를 불러주게. 6958."

직원이 마이크를 통해 6958을 호출했다. 데이비드가 기사를 데리고 왔다는 뜻이었다.

"태양 군, 다음 주에 비번이 언제이지?"

"수요일입니다."

"그날 12시에 만나세. 우리 호텔 커피숍에서. 직원이 아닌 손님으로 커피숍에서 만나는 것일세."

태양은 어리둥절했다.

"아, 알겠습니다."

태양은 데이비드를 따라 호텔 현관까지 갔다. 그곳에 아주 멋진 벤츠 S 클래스 한 대가 서 있었다. 태양의 눈이 휘둥그레졌다. 데이비드는 벤츠에 올라타기 전 태양의 어깨를 토닥였다.

"놀랄 것 없네. 다음 주 수요일을 잊지 말게."

태양은 데이비드의 차가 완전히 시야에서 사라진 후에도 한참이나 그곳에 서 있었다. 무언가가 잘못되어도 한참 잘못되었다는 느낌이 들었다. 벨보이가 다가와 태양의 옆구리를 쿡 찔렀다.

"벤츠 처음 봐?"

스스로 삶을 마감한 그녀의 세 가지 소원

일주일 동안 태양은 노트를 채우기 위해 여기저기를 돌아다니고 많은 사람을 만났다. 20대에서부터 60대까지의 남자와 여자, 사장과 노동자, 대학생과 직장인, 식당 주인과 택시 기사, 중국집 배달원과 무직자, 신발가게 주인과 김밥가게 주인, 회를 뜨는 일식집 주방장, 휴가 나온 일등병, 대기업 회사원, 공무원, 배추를 파는 아주머니, 폐지를 모으는 할아버지……. 그들의 꿈을 빠뜨리지 않고 기록했다. 아쉽게도 대기업 사장이나 국회의원, 장관 등의 버킷리스트는 들을 수 없었다. 그들은 태양이 도달하기에는 너무 높은 곳에 있었다.

사람들의 꿈은 다양했다. 그리고 소박했다. 수많은 사람들의 버킷리스트를 들여다보면 삶의 참모습이 나타났다. 우리가 진정으로 하고 싶은 것이 무엇인가를 깨닫게 해주었다. 정태양은 후회되는 일의 리스트에 대해서는 묻지 않았다. 사람들은 그것에 대해 말하기를 부끄러워했다. 그리고 대부분이 비슷했다. 공부, 적극적으로 세상을 살지 않은 것, 사랑을 베풀지 못한 것 등이었다. 태양도 마찬가지였다.

그때 공부를 했었어야 했는데.

그때 가족에게 사랑을 베풀었어야 했는데.

그때 친구의 어려움을 모른 척하지 않았어야 했는데.

그때 내 가슴을 설레게 했던 그 여자에게 데이트 신청을 했어야 했는데.

그때 한 가지라도 좋으니 취미를 가졌어야 했는데.

그때 책을 읽었어야 했는데.

그때 정직했어야 했는데.

그때 그 사람을 도왔어야 했는데.

태양은 적기를 멈추었다. 노트 한 권을 다 채워도 끝나지 않을 것 같아서였다. 그러나 정작 중요한 페이지는 비어 있었다. 바로 자신의 버킷리스트였다. 야채를 씻으면서, 그릇을 건조대에 넣으면서, 카트를 밀면서, 컵을 정리하면서, 계단을 오르면서, 밥을 먹으면서, 전철 속에서 끊임없이 생각을 했지만 첫 번째 '프랑스 유학' 외에 두 번째와 세 번째 버킷리스트는 떠오르지 않았다.

"저녁에 이것 좀 읽어봐."

퇴근을 하려 로비로 나오자 프런트에 있던 김잎이 잡지 한 권을 건네주었다. 지난 달 로비에 비치했다가 폐기하려는 잡지였다.

"재미있는 기사라도 실렸어?"

"재미있다기보다 보드게임에 대해 실렸어. 조금만 읽어봐도 흥미가 당길 거야. 취미를 가져야겠다고 말만 하지 말고, 이 책을 읽고 본격적으로 취미생활을 해봐."

"오케이. 하지만 너무 기대는 하지 마."

태양은 전철에 올라 무심코 잡지를 펼쳤다. 호텔의 로비에는 다양한 종류의 잡지와 신문들이 늘 꽂혀 있었지만 여태 그것을 읽어 본 적은 한 번도 없었다. 손가락에 침을 묻혀 첫 장을 넘기며 태양은 혼잣말로 중얼거렸다.

"지난날, 나는 너무 게을렀어."

요란한 컬러페이지와 광고를 넘기자 이런저런 세상사는 이야기들이 나타났다. 무심히 페이지를 넘기던 태양은 문득 한 글자에서 멈추었다.

그의 눈길을 끈 단어는 '소원'이었다. 태양은 핸드폰을 열어 시간을 확인하고는 제목을 따라 천천히 글을 읽기 시작했다.

지난 달 26일, ○○교도소에서 한 여성 재소자가 스스로 목숨을 끊었다. 기자는 그녀의 죽음을 취재한 후 그녀의 짧은 삶을 다큐멘터리 형식으로 재구성했다. 이름은 가명이다.

김영희는 24살이다. 남도가 고향인 그녀는 21살이 되던 해 서울의 작은 회사에 취직을 했다. 자그마한 화물운송회사의 경리 자리였다. 1년 계약직이었지만 그녀는 만족했다. 방을 얻을 돈이 없어 우선은 이모네 집에 얹혀살았는데 이모네 역시 넉넉한 편이 아니었다. 작은 방의 문턱을 넘으며 김영희는 "딱, 1년만 살고 내 방을 얻겠다"고 결심을 했다.

그녀의 직장 생활은 그리 즐겁지 않았다. 월급은 많지 않았고, 주로 장거리를 뛰는 운전기사들을 상대해야 했기에 얼굴을 붉히며 다투는 날이 많았다. 회사에 들어가면 모든 사람들에게 사랑받는 오아시스가 되리라던 학창시절의 꿈은 이제 꿈속에서도 이룰 수 없었다. 그래도 알뜰살뜰 돈을 모았고 착실하게 직장생활을 했다.

이모네 집이 있는 이문동에서 회사가 있는 마포까지는 늘 전철을 이용했는데, 시간이 정확하다는 이유 하나에서였다. 그녀는 항상 7시 정각에 두 번째 칸의 세 번째 문으로 탔다. 요행 빈 자리가 있으면 '오늘은 좋은 일이 생기겠구나' 생각을 하지만 그런 날은 드물었다. 그녀는 문 옆의 작은 공간에 서서 가벼운 에세이 책을 읽거나 무료로 나누어주는 지하철신문을 읽거나 아니면 내릴 때까지 회사일, 고향, 가족, 친구들을 떠올렸다. 그러던 어느 날 한 남자가 전철에 올라 그녀 옆에 섰다. 20대 중반의 그저 그런 남자였다. 깨끗한 작업복 차림에 덥수룩한 머리였다. 아마도 공장의 직공인 듯싶었다. 그는 김영희 옆에 서서 손잡이를 잡자마자 눈을 감고 졸기 시작했다. 김영희는 잠깐 얼굴을 찌푸렸다가 다시 책을 읽기 시작했다.

남자는 전철에 탄 수많은 사람들 중의 한 명이었다. 그래서 그녀는 아무런 감정이 없었다. 다음 날 그 남자가 또 눈에 들어왔다. 그녀처럼 그 남자도 똑같은 시각에 출근을 했다. 남자는 서대문에서 내렸다. 그리고 다음 날에도 그를 보았고 1주일 후에도 그를 보았고 한 달 후에도 그를 보았다. 그는 언제나 같은 작업복 차림이었고 영희에게는 눈길 한 번 주지 않았다. 그는 언제나 전철의 손잡이를 잡은 채 서서 끄덕끄덕 졸다가 전철이 서대문에 도착하기 직전에 눈을 떴다. 그리고는 전철이 멈추면 다른 사람들 틈에 끼어 서둘러 빠져나갔다.

그렇게 3개월이 지났다. 변한 것은 아무것도 없었고 남자의 작업복만이 가을옷에서 두툼한 겨울옷으로 변했을 뿐이었다. 영희는 여전히 책을 읽었고 남자는 여전히 끄덕끄덕 졸았다. 그러던 어느 날 남자는 깊은 잠에 빠진 것 같았다. 전철이 서대문에 거의 도착을 했는데도 남자는 눈을 뜨지 않았다. 문이 열리고 사람들이 다 빠져나갔는데도 남자는 꼼짝도 하지 않았다. "출입문 닫습니다"라는 안내방송이 나오자 김영희는 엉겁결에 남자의 옆구리를 쿡 찔렀다. 남자가 눈을 번쩍 떴다.

"서대문이에요."

그녀의 말이 끝나기도 전에 남자가 총알처럼 문 밖으로 뛰어나갔다. 바람보다 빠른 몸놀림이었다. 그리고 문이 닫혔다. 김영희는 남자가 아직도 잠에서 덜 깬 어리벙벙한 표정으로 사방을 두리번거리는 모습을 창문 밖으로 보았다.

"바보 같아."

다음 날 아침 남자는 김영희에게 고맙다고 나지막이 말했다. 그녀는 새침한 표정으로 고개를 두어 번 끄덕였다. 그게 다였다. 김영희는 책을 읽고 남자는 눈을 감았다. 전철은 열심히 달렸다. 전철이 서대문에 도착해 문이 열리자 남자는 빠르게 내리면서 종이쪽지 하나를 김영희가 읽고 있던 책 위에 재빠르게 올려놓았다. 그 종이쪽지가 바닥으로 흘러내릴 것 같아 그녀는 엉겁결에 손으로 움켜쥐었다. 고개를 들었을 때 남자는 이미 계단을 오르고 있었다.

1년 후 두 사람은 부부가 되었다. 결혼식을 올리지는 않았지만 부부가 되었고, 가난했지만 소박한 행복을 꾸려나갈 수 있었다. 작은 지하 단칸방을 얻어 신혼살림을 차렸다. 적은 월급일망정 두 사람 모두 직장이 있으니 희망은 컸다. 희망만큼 김영희의 뱃속 아기도 무럭무럭 자랐다. 그렇게 1년이 조금 넘은 어느 날 남편의 회사에서 전화가 왔다.

"사고가 났습니다."

김영희는 '사고'라는 말을 몇 번 되뇌었다. 그렇다. 사고는 늘 일어난다. 그 사고가 나에게 일어나지 말란 법은 없잖은가. 남편은 절단기에 오른손을 잃었고 왼손 손가락 3개가 잘려나갔다. 그리고 얼마 후 직장도 잃었다. 그 대신 남편이 얻은 것은 울분과 아픔이었다. 남편은 그날 이후 늘 머리가 아프다고 했다. 얼마 되지 않은 퇴직금과 위로금은 병원비로 모두 사라졌다. 그래도 김영희는 열심히 회사를 다녔다. 어느 날 그녀가 부른 배를 쓰다듬으며 회사에서 입금표를 작성하고 있을 때 사장이 잠깐 보자고 했다.

"우리 회사에서 일한 지 벌써 3년이네."

"……네."

"이번 달에 재계약을 해야 하는데. 아다시피 지금 회사 형편이 어려워요. 옛날엔 경기가 좋았지만 지금은 택배가 너무 좋아져서 우리 같은 화물회사들은 월세 내기도 빠듯해. 미안하지만, 책상 정리를 좀, 해주어야, 겠어요."

"……."

"내 말이 무슨 뜻인지 알지요?"

한 달 후 김영희는 방에 앉아 이불에 쌓여 잠을 자는 딸을 바라보았다. 남편은 집에 없었다. 남편은 집을 나가 사라진 지 벌써 두 달이 넘었다. 김영희는 그 남편을, 사랑하는 남편을, 딸의 아버지인 남편을 어디에서 어떻게 찾아야 할지 알 수 없었다. 어린 딸을 들쳐 업고 파출소 앞까지 갔다가 그냥 되돌아온 것이 열 번이 넘었다. 고향으로 내려가고픈 생각은 애초부터 없었다. 그들에게 자신의 모든 것을 토로하기가 끔찍이도 싫어서였다. 행복했던 가정이 한순간에 고통의 구렁텅이로 굴러 떨어진 과정을 구구절절이 하소연하기가 싫었다. 그래서 아무에게도 이야기하지 않고 그저 혼자서 기다리기로 마음을 먹었다. 언젠가는 남편이 돌아오리라고 믿고 있었다. 어느 날 문을 열고 남편이 환한 미소를 지으며 돌아오리라 믿었다.

그러나 오늘밤은 그저 모든 것이 막막했다. 김영희는 불도 켜지 않은 어두운 방의 벽에 우두커니 기대 앉아 어둠을 응시했다. 그때 딸의 울음소리가 들렸다. 김영희는 본능적으로 벌떡 일어나 방의 불을 켰다. 딸은 눈을 감은 채 앙앙 울었다. 아마 오줌을 싼 모양이었다. 김영희는 손을 들어 아기의 눈물을 닦아주었다. 아기가 울음을 그치고 방싯 웃었다. 김영희는 순간 모든 고통과 생각을 잊고 미소를 지으며 예쁜 아기의 눈을 바라보았다.

"아가. 봄이 오면 엄마랑 놀이터에서 그네 타자."

김영희는 너무너무 깨끗하고 너무너무 아름다운 아기의 눈을 바라보았다. 그런데 그 아기의 눈동자에 자신의 모습이 비쳤다. 그 모습은 자신의 모습이었지만 아기의 모습이기도 했다. 김영희는 문득 고개를 들어 방안을 살폈다. 세 평 남짓한 지하 단칸

전세방. 어두운 방, 습기가 차는 방, 거미줄이 처진 방, 창문이 없는 방. 김영희는 다시 아기의 눈을 바라보았다. 그곳에 여전히 그녀가 있었다. 김영희는 떨리는 두 손을 들어 천천히 아기의 목으로 가져갔다.

경찰이 그녀에게 "왜 아기를 죽였나요?"라고 물었을 때 그녀는 담담한 목소리로 대답했다.

"아기의 눈에, 앞으로 살아갈 인생의 길이 보였어요. 내가 걸어온 길과 똑같은……. 그게 싫었어요. 그렇게 사느니 차라리 죽는 게 나을 것 같아서……."

아기를 죽인 비정의 어머니가 된 24살의 김영희는 2년 후 교도소에서 자살을 했다. 감시의 눈길을 피해 목을 매 자살을 한 것이다. 죽기 전 그녀는 짧은 글을 남겼다.

죽음으로서 내 죄를 용서해달라고 빌어도
내 죄는 깨끗해질 것 같지 않습니다.
그래도 이 길이 최선이기에 죽음을 택합니다.
죽기 전에 꼭 해보고 싶었던 일이 있었어요.

남편과 함께 전철타기. 그 옛날의 가슴 뛰었던 날로 돌아가고 싶어요.
햇볕이 따스한 봄날에 아기와 그네 타기. 아가야. 약속을 지키지 못해 미안하구나.
책상에 앉아 전표 작성하기. 계약직이었지만 열심히 일했던 그때가 너무 그리워요.
다음 세상에 다시 태어난다면 이 일들을 꼭 해보고 싶어요. 너무나도 간절하게. 그렇지만 죽음이 날 찾아와 꿈을 이루지 못하네요.
그럼 안녕히…….

"삶이 아무런 의미가 없을 때는 죽음도 특별히 힘들지 않다"고 누군가가 말했다. 하지만 꼭 하고 싶은 일이 있음에도 그 일을 다하지 못하고 삶과 작별을 하면 인생은 무의미해진다. 그러므로 우리는 죽음이 우리 곁에 찾아오기 전에 꿈을 이루어야 한다.
김영희의 꿈은 지극히 사소하고 평범한 것이었다. 너무 평범하기에 꿈이라고 할 수도 없는 것들이었다. 남편과 함께 전철을 타기, 그녀는 이 일을 죽기 전에 해보고 싶은 첫 번째 일로 꼽았다. 그럼에도 그녀는 그것조차 하지 못하고 죽음을 맞았다. 그녀 홀로라도 전철을 탔더라면 그녀는 죽음의 세계로 건너가지 않았을 것이다. 아기와 함께 한 번이라도 그네를 탔더라면 그녀는 죽음을 선택하지 않았을지도 모른다.
즉, 매일 아침저녁으로 우리가 타는 전철, 아이들, 그네, 전표, 책상…… 이 모든 사소한 것들이 그녀에게는 너무나 간절한 소망이었다. 그것들은 모두 삶의 표상이고 행복의 상징이기도 했다.
그러므로 자유로운 몸인 그대가 꿈을 이루지 못하고 죽는다면, 그것은 삶에 대한 그리고 그대에 대한 엄청난 죄악이다.

잡지를 덮은 후 태양은 우두커니 앞을 바라보았다. 지하철은 빠르게 달리고 있었다. 문득 앞에 앉은 남자가 자신을 이상한 눈초리로 바라본다는 것을 느꼈다. 그리고 차가운 눈물 한 방울이 태양의 볼을 타고 흘러내렸다.

더 많은 사람들의 꿈

수요일 아침, 태양은 옷장 속에 넣어둔 양복을 꺼냈다. 오늘을 위해 일주일 전부터 준비한 옷이었다. 호텔 정문에서 마주친 직원들이 한마디씩 물었다.

"오늘 소개팅이 있나?"

"다른 호텔에 면접 보러 가는 게지."

"상견례가 있나 보군."

12시 정각에 태양은 커피숍에 들어섰다. 점심시간이 막 시작되어서인지 커피숍은 아직 붐비지 않았다. 창가 자리에 데이비드가 앉아 있었다. 몇몇 직원이 양복을 잘 차려입은 그를 보고 고개를 갸웃했다. 태양은 쑥스러운 웃음을 한 번 지은 뒤 데이비드에게 다가가 정중하게 인사를 했다.

"안녕하세요. 데이비드 사장님."

이제 그를 사장님이라 불러야 할 것 같았다. 데이비드는 빙긋 웃으며 자리를 권했다.

"말쑥한 신사가 되었군."

"감사합니다."

"그동안 어떻게 지냈나?"

"저야 늘 변함이 없지요. 출근해서 야채 씻고, 설거지하고, 청소하고……. 저는 데이비드 아저씨가 그동안 무얼 하셨는지 정말 궁금했어요."

"미국과 유럽을 잠시 다녀왔네. 내가 없는 동안 버킷리스트는 완성했나?"

태양은 상의 호주머니에서 노트를 꺼냈다.

지하철을 타보는 것이 죽기 전의 간절한 소망인 사람도 있다.

"그동안 여러 사람을 만나 버킷리스트를 물어보았습니다. 다양한 나이의 다양한 사람들을. 그래서 이렇게 작성을 했죠."

데이비드는 노트를 펼쳐 태양이 기록한 리스트를 주의 깊게 살펴보았다.

"재미있는 것들이 많군."

"네, 어떤 것은 특이하고 어떤 것은 무가치하고 어떤 것은 혀를 끌끌 차게 만듭니다."

"사람들의 버킷리스트를 조사하면서 어떤 느낌이 들었나?"

"모두가 꿈을 가지고 있다는 것, 그 꿈이 거창하기도 하지만 대부분 소박하다는 것을 느꼈죠. 그리고 꿈이 없다는 것은 슬픈 일이라는 사실도 깨달았어요. 왜냐하면 꿈의 반대말은 꿈이 없는게 아니라 죽음을 의미하기 때문입니다. 사람들의 버킷리스트를 보면 몇 가지 커다란 특징이 있더군요. 첫째는 마음의 평화, 둘째는 타인에 대한 봉사, 셋째는 세상에 대한 동경입니다. 가족과 여행하기, 맛있는 음식 먹기 등이 첫 번째이고, 많은 사람들이 봉사활동을 꼽았습니다. 그리고 세계 여행은 공통적으로 들어가 있었어요. 오지에 대한 탐험이든 오토바이 여행이든. 그리고 낭비도 중요한 소망이었어요. 원 없이 돈 쓰기. 뭐 그런 것."

데이비드는 태양의 말을 들으면서 노트를 끝까지 다 읽었다.

"그런데 정작 중요한 자네의 버킷리스트는 없군."

태양은 고개를 돌려 창밖을 보았다. 소나무 세 그루가 심어져 있는 작은 정원의 풍경이 눈에 들어왔다.

"사실 처음에는 엉겁결에 프랑스 유학을 적기는 했으나 그것이 제 진정한 버킷리스트일까 하는 의문이 들었죠. 하지만 처음으로 적은 것이기에 지울 수 없었습니다. 그 뒤로 두 번째와 세 번째 리스트를 적기 위해 많은 고심을 했어요. 그러다가 어제 저녁 잡지에 실린 기사를 읽고 리스트를 완성할 수 있었어요."

태양은 커피 한 모금을 마시고는 김영희에 대한 이야기를 짧게 들려주었다.

"안타까운 죽음이었지만 저에게는 큰 교훈이 되었습니다. 살아

있다는 것 자체가 얼마나 큰 기쁨인지 깨달았어요."

데이비드는 숙연한 표정으로 고개를 끄덕였다.

"한 사람의 죽음이 한 젊은이에게 큰 가르침을 주었네. 이제 자네는 목표를 세웠으니 인생이 바뀌어질 걸세."

"그런데 궁금한 게 한 가지 있어요."

"뭐지?"

"왜 데이비드 사장님은 저에게 버킷리스트라는 것을 알려주셨죠? 왜 저에게 관심을 기울이셨죠? 이 호텔에는 저 외에도 직원이 200여 명이나 있는데."

"이제 내 이야기를 할 차례로군. 유치원 이야기를 기억하나?"

"네. 기억하고 있습니다."

"그때 자네가 나에게 '부잣집에서 태어나셨네요' 라고 넌지시 비웃었지. 그러나 나는 사실 고아였네."

"고아요?"

데이비드는 커피잔을 들어 한 모금 마신 뒤 이야기를 계속했다.

"전형적인 고아였지. 우리가 가난했던 '1960년대 이야기' 에 자주 등장하는 아이가 바로 나일세. 가난한 아버지는 술을 너무 많이 마셔 병에 들어 일찍 죽고, 홀어머니는 먹고살기 힘들어 자식을 내팽개치고 밤에 도망을 쳤다네. 나는 외할머니 손에서 자라다가 더 이상 키울 수 없어 고아원에 들어가는 절차를 밟았네. 그러다가 양

부모를 만나 입양되고……. 난 그런 힘든 어린 시절을 보냈지."

"……."

"당시 나와 같은 사람은 의외로 많았다네. 다행이랄까, 불행이랄까, 나는 미국으로 입양이 되어 휴스턴에서 살게 되었네. 휴스턴 아나?"

"잘 모릅니다."

"텍사스 주에 있는 항구도시인데, 아폴로 11호 기지가 그곳에 있었지."

"아, 맞아요. 영화에서 본 기억이 나요."

"내 양아버지는 그곳 우주기지에서 일하셨다네."

"오우! 멋진데요. 우주비행사였나요? 아니면 우주선 엔지니어?"

"내 아버지는, 나는 아버지를 무척 좋아했다네. 아버지도 나를 사랑하셨고. 아버지는 요리사셨다네. 하급 요리사셨지."

"……아!"

"실망했나?"

"아, 아닙니다."

"아버지는 사람들에게 일용할 양식을 제공하는 것을 자신의 천직이라 생각했고 그 일에 언제나 만족하셨네. 정말 훌륭한 일을 하셨어. 그렇지 않나?"

"마, 맞아요."

"아버지는 일요일에 당번이 걸리면 나를 데리고 우주기지에 갔지. 원래는 외부인 출입금지지만 나는 너무 어려 언제나 무사통과였지. 동양에서 온 귀여운 꼬마였으니까. 아버지는 손재주가 좋으셨는데 남은 부속을 모아 로봇을 만들어주시곤 했다네."

데이비드는 잠시 이야기를 멈춘 뒤 얕은 숨을 내쉬었다.

"내가 16살 때 아버지가 일하시던 주방에서 화재가 발생했네. 첨단 우주기지였지만 모든 것이 완벽할 수는 없으니까."

"우주선이 폭발하기도 하니까요."

"맞네, 1986년에 발사된 챌린저호는 발사 75초만에 공중에서 폭발했네. 그때 우주비행사 일곱 명이 전원 사망하기도 했지. 기계가 아무리 완벽하다 해도 그것을 다루는 사람은 신이 아닌 이상 실수를 할 수밖에 없지. 아버지의 화재도 마찬가지였네. 그 화재로 아버지가 돌아가셨지."

태양은 죄를 지은 것처럼 고개를 떨궜다.

"난 그 후 어머니와 단 둘이 살았는데 다행히 보상금과 연금이 있어서 그럭저럭 살 수는 있었지. 어머니는 슈퍼에서 58세까지 일을 하셨네. 아버지 장례식이 끝나고 책상을 정리하던 나는 아버지의 일기장을 읽게 되었지. 거기에서 이것을 발견했다네."

데이비드는 호주머니에서 종이 한 장을 꺼내 태양에게 건네주었다. 아주 오래되어 햇빛에 바랜 누런 종이 한 장이었다. 네 번 접

혀진 종이를 펼치니 영어로 무언가가 기록되어 있었다. 태양은 그 종이를 멍하니 바라보았다.

"나의 아버지의 버킷리스트였네."

데이비드는 눈을 감고 그 버킷리스트를 읊조렸다.

"첫째, 가족과 함께 힐튼호텔에서 식사하기, 둘째, 데이비드와 그랜드캐년 탐사하기, 셋째, 요리책 내기. 이게 아버지의 꿈이었네. 물론 그중에 어떤 것도 이루지 못했네. 1960년대에 보조 요리사의 월급으로 힐튼호텔에서 식사는 꿈도 꾸지 못했지. 16살에 나는 아버지의 버킷리스트를 읽고 그 꿈을 대신 이루어드리리라 맹세했네. 나는 학교를 다니면서 힐튼호텔 옆을 늘 지나쳤지. 그리고 그 호텔에서 일하겠다고 결심했고, 그 후에는 호텔을 세우겠다고 결심했지. 그래서 코넬대학에서 호텔경영학을 전공했네."

"그러셨군요."

"졸업 후에 힐튼호텔의 호텔리어가 되었고 쉬는 날이면 어머니와 함께 자주 그곳에서 식사를 했네. 물론 어머니와 함께 그랜드캐년도 여러 차례 다녀왔지. 하지만 세 번째 꿈은 남겨두었네. 그 일은 내 일이 아니라 다른 누군가의 일이라는 생각이 들어서였지."

정태양은 두 손을 모으며 소리쳤다.

"데이비드 사장님은 정말 훌륭하십니다. 저 같으면 어림도 없었을 텐데요."

"나는 10년 후에 힐튼을 떠나 사업을 시작했네. 그리고 많은 돈을 벌어 고국으로 돌아왔지. 여기에 멋진 호텔을 세우기 위해."

태양의 눈이 휘둥그레졌다.

"호텔을 세우신다고요?"

"그것이 나의 첫 번째 버킷리스트일세. 나는 가족들을 위한 유럽풍의 아담한 호텔을 이곳에 세울 계획이네. 그래서 이 호텔에 잠시 취직을 한 거네. 이 호텔의 사장은 내가 힐튼에 있을 때 인연을 맺어 지금까지 관계를 유지하고 있는 내 후배일세. 내가 호텔을 세운다고 하니 적극 도와주고 있지. 물론 몇 년 후에는 경쟁 상대가 되겠지만."

"아, 이제 모든 걸 알겠네요. 그래서 저에게 관심을 보이셨군요."

"자네를 보는 순간 아버지의 젊은 날이 떠올랐네. 아버지는 스물세 살에 요리사 보조가 되어 보조 요리사로서 삶을 마감하셨지. 딱 자네 나이 때 요리사의 길을 걷기 시작했네. 그래서 자네를 보는 순간 아버지가 떠올랐던 것일세."

"그러셨군요."

"더 중요한 것은 자네가 삶을 무의미하게 보낸다는 사실이었네. 그래서 나는 자네에게 무언가 의미 있는 삶을 안겨주고 싶었네. 그래서 일부러 찾아가 이야기를 했고 목표를 가질 것을 권한 것이지."

태양은 고개를 숙여 인사를 했다.

"정말 감사드립니다. 아저씨가 아니었으면 전 지금도 허송세월 하고 있었을 거예요."

"나의 충고보다는 자네의 의지가 더 큰 역할을 했네. 나는 미국에서도 많은 청년들에게 목표를 가질 것을 권하고, 이곳에서도 몇몇 청년들에게 이야기를 했지만 변화되는 모습을 보여준 사람은 몇 되지 않았네. 한국에서는 자네가 처음일세. 그래서 하는 부탁인데, 나와 함께 일해보지 않겠나?"

"제가요? 저는 그냥 요리사 보조인 걸요."

"지금 내가 세우려는 호텔은 설계가 끝나 곧 착공에 들어가네. 2년 후에는 완공이 되지. 그때 나와 함께 일해보세. 물론 요리사 보조로서. 하지만 자네가 그동안 다른 기술을 배우거나 다른 전공을 취득한다면 다른 일을 할 수도 있네."

태양의 얼굴이 상기되었다.

"잘 알겠습니다. 저는 계속 보조 요리사로서 일을 하겠습니다. 그 일은 저의 두 번째 버킷리스트와 딱 맞아 떨어집니다."

"오호 그래, 반갑군. 두 번째 버킷리스트는 무언가?"

"프랑스 유학을 갔다온 후 일류 요리사가 되어 누구나 쉽게 할 수 있는 '요리전과'를 만드는 것이 저의 두 번째 버킷리스트입니다."

"좋은 목표일세."

"하지만 걱정도 돼요. 요리책은 너무 많고, 인터넷에 들어가면 요리 사이트도 너무 많고."

"그것은 너무 앞서가는 걱정이네. 요리책이 아무리 많아도 인간은 끊임없이 새로운 요리를 개발한다네. 자네가 새로운 요리의 창시자가 되면 멋진 책을 낼 수 있지."

태양의 눈이 반짝 빛났다.

"정말 그렇겠네요. 이제 사장님의 두 번째 버킷리스트를 말씀하실 차례입니다."

"호텔에서 얻은 수익금과 그동안 내가 모은 재산을 합쳐 장학재단을 세울 계획이네. 이제 나는 돈 자체에는 그다지 관심이 없지. 베풀 일만 남았네."

"사장님이 존경스럽습니다. 세 번째 리스트는 무엇입니까?"

"하하. 자네가 말할 차례 아닌가?"

"그렇군요. 제 세 번째 리스트는 공교롭게도 사장님의 두 번째 리스트와 비슷합니다. 지난번 봉사활동을 갔을 때 결심한 것입니다. 사랑의 집짓기 같은 봉사활동을 평생 하면서 살기로 했습니다. 다행히 제가 손재주가 좀 있잖아요. 그래서 100채의 집을 지을 때까지 계속하기로 했습니다."

정태양의 버킷리스트

1. 프랑스 요리학원에서 공부하기
2. 누구나 활용할 수 있는 멋진 요리책 쓰기
3. 100채의 집을 지을 때까지 봉사활동하기

"무척 좋은 목표일세. 그 목표가 반드시 이루어지리라고 믿네. 내 세 번째 리스트는 더 많은 청년들이 버킷리스트를 작성하도록 조언해주는 것이네."

데이비드의 버킷리스트

1. 가족들이 편안하게 이용할 수 있는 아담한 호텔 세우기
2. 장학재단을 세워 사회에 봉사하기
3. 더 많은 청년들에게 자신의 버킷리스트를 만들 수 있도록 일깨워주기

태양이 갑자기 객석의 관객처럼 힘차게 박수를 쳤다. 커피숍의 손님들이 그런 그를 바라보았다. 하지만 태양은 아랑곳하지 않고 흥분된 목소리로 말했다.

"정말 멋진 목표입니다. 그리고 가장 훌륭한 목표예요. 더 많은 사람들이 버킷리스트를 작성하면 더 많은 사람들이 꿈을 위해 노

력하니까요. 사장님을 정말 존경합니다."

"고맙네. 하지만 모든 리스트는 쉽게 이루어지지 않지. 부단한 노력을 해야만 꿈을 이룰 수 있네."

"전 이제 끊임없이 노력할 준비가 되어 있습니다."

"그 노력이 결코 중단되지 않기를 바라네. 자, 이젠 일을 하러 갈까? 우리에게는 할 일이 있지."

데이비드는 일어서 태양에게 손을 내밀었다. 태양은 그 손을 뜨겁게 잡았다.

"맞아요. 해야 할 일이 있습니다. 버킷리스트의 완성을 위해서."

쓰면 이루어진다

브로콜리를 씻는 태양의 주머니에서 핸드폰이 울렸다. 태양은 앞치마에 슥슥 손을 문지르고 전화를 받았다. 어머니였다.

"아, 엄마. 왜요?"

"이 녀석 봐라. 오랜만에 엄마가 전화했더니 왜 전화했냐는 말부터 하네."

"아, 미안."

"너 요즘 왜 안 오니?"

"조금 바빠서요."

태양은 주방장을 흘깃 바라보고는 밖으로 나갔다.

"바쁘다니 좋기는 하다만, 이번 주에는 좀 와."

"어, 왜요?"

"집이 너무 낡았잖아. 방에 보일러도 새로 놔야 하고, 다락도 치워야 하는데 네 물건이 잔뜩이야. 버릴 건 버리고 정리할 건 정리하고, 이 참에 좀 치워라."

"그래도 이번 주는 안 되는데. 다음 주에 하면 안 되나?"

"당장 다음 월요일에 공사 시작이야. 힘들어도 잠깐 왔다가. 그냥 버릴 수도 없잖니."

그 주 토요일, 태양은 휴일근무를 조정하고 아침 일찍 고속버스에 몸을 실었다. 거의 반년 만이었다. 공사를 앞둔 집은 어수선했다. 태양은 아버지를 도와 집안 정리를 하고 오후가 되어서야 다락으로 올라가 쌓여 있는 상자들을 살펴보았다. 초등학교 때 받은 개근상, 중학교 때 받은 몇 개의 상장과 성적표, 사진들, 야구공. 이런 잡다한 물건들이 사과 상자에 가득 들어 있었다. 태양은 그중에 눈에 띄는 일기장을 집어들었다. 5학년 때 쓴 일기였다.

오늘 선생님이 자신의 세 가지 소원을 써보라고 하셨다. 아이들은 위대한 과학자, 탐험가, 대통령, 의사가 소원이라고 말했다. 하지만 나는 그런 소원을 말하지 않았다. 나는 정말 이루고 싶은 소원이 있다. 첫째는 아침에 일찍 일어나는 것이다. 나는 늦잠이 많아 매일 아침 엄마에게 혼이 난다. 일찍 일어나서 혼나지 않았으면 좋겠다. 두 번째 소원은 만화책을 실컷 보는 것이다. 하루 종일 만화만 보았으면 좋겠다. 세 번째는 아버지에게 장갑을 사드리는 것이다. 아버지는 외출을 할 때도 작업용 장갑을 끼고 가신다. 나는 그런 아버지가 좀 창피하다. 돈을 많이 벌어 아버지에게 멋진 가죽장갑을 사드리고 싶다.

태양은 한참 동안 일기장에 적힌 어릴 적 소원을 바라보았다. 그것은 10년 전 자신의 버킷리스트였다.

"버킷리스트는 어려운 게 아니었어. 늘 내 옆에 있던 소원이고 꿈인 거야. 그건 거창한 게 아니었어. 일상에서 하나하나 제대로 해 나가는 것, 그것이 진정한 버킷리스트였어. 나는 지금까지 그 진리를 깨닫지 못했던 거야. 버킷리스트는 작은 일부터 한 가지씩 실천해나가는 과정이었어."

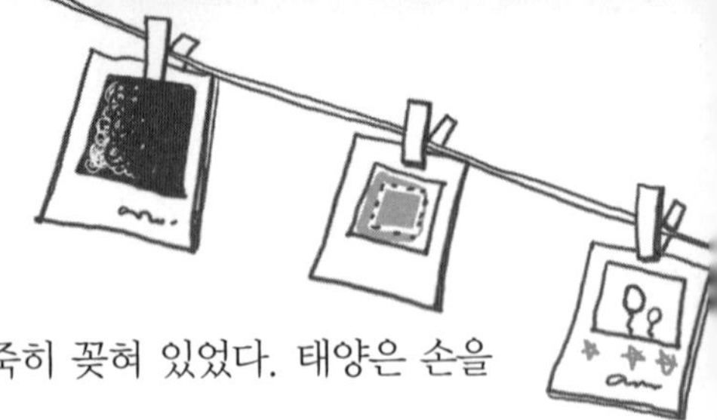

물건들 사이에 종이 한 장이 삐죽히 꽂혀 있었다. 태양은 손을 뻗어 그 종이를 집었다. 아주 오래된 사진이었다. 젊은 부모님이 계곡에 발을 담그고 계신 것으로 보아 신혼 때 찍은 사진 같았다.

'이걸 왜 내 상자에 넣어 놓았지?'

태양은 사진을 들고 아래층으로 내려갔다.

"이 사진, 두 분 신혼 때 사진 같은데?"

"그래? 사진은 네 아빠가 잘 정리해 뒀는데? 어디 보자."

사진을 받아든 어머니는 한참을 쳐다보다가 흐뭇하게 웃었다.

"아, 이거 할머니네 앞에 있는 개울 갔을 때구나."

"엄마랑 아버지랑 신혼 때요?"

"신혼은 무슨. 얼추 너 두 돌 때였는데. 너는 그때 개울에서 놀고 있었지. 그런 네가 벌써 이렇게 컸구나. 그때 우리 아들 꿈이 뭘까 정말 궁금했었는데. 그래. 요리 일은 재미있고?"

"처음엔 고달펐었는데 한 달 전쯤부터 좋아졌어. 목표도 생겼고."

"어떤 목표?"

"그게, 아직 말해도 되나 모르겠지만, 나 프랑스 유학 가려고."

어머니는 하던 일을 멈추고 태양을 바라보았다. 얼굴이 무척 진지했다.

"뭘 하든지 엄마는 네가 행복했으면 좋겠다. 프랑스에 다녀오고 멋진 요리사가 되는 것도 정말 중요한 일이라고 생각해. 그런데 엄마는 아들이 오늘 하루하루를 즐기는 멋진 사람이 됐으면 좋겠어. 미래도 중요하지만 그 미래를 만드는 건 바로 현재잖니. 오늘 하루의 일들이 쌓여 자연스럽게 만들어지는 게 미래라고 생각한단다. 미래를 만드는 건 바로 지금이야."

엄마가 이렇게 말을 잘하는 분이었던가? 태양은 놀란 얼굴로 어머니 얼굴을 쳐다보았다. 그러자 어머니는 서랍장을 뒤져 낡은 노트를 꺼내 태양에게 내밀었다.

"이거 봐라. 너 태어났을 때부터 엄마랑 아빠가 써왔던 메모장이야. 하고 싶은 일이 생각날 때마다 하나씩 적었는데, 그게 이렇게 노트 한 권이 되었구나. 딱히 노트를 만들려 한 것이 아니라 적다보니 이렇게 노트가 되었어. 뭐랄까, 소원노트가 된 셈이지."

태양은 어머니의 낡은 노트를 받아 첫 페이지를 펼쳤다.

- 언젠가는 시골에서 멋지게 농사를 지으며 산다(아이들이 모두 고등학교를 졸업한 후에).
- 나이가 들면 직접 멋진 집을 지어 소박하게 살아간다.
- 아들을 낳으면 태양으로, 딸을 낳으면 달님이라고 짓는다(셋째, 넷째는 그때 가서 고민).

- 아이들을 행복을 느낄 수 있는 사람으로 길러준다.
- 서로의 사랑 외에 큰 욕심을 내지 않고 서로 이해하며 살아간다.

태양의 입에서 저절로 감탄이 흘러나왔다.

"와, 대단해요."

"너무 착한 소원만 적었지? 그 다음부터는 '이번 달에 100만 원 벌기' 같은 조금 욕심쟁이 같은 소원들이 나오기는 해. 아무튼 엄마가 하고 싶은 말은 이런 거야. 엄마 아빠는 우리 모두 행복하게 후회 없이 이 세상을 살다 가는 게 가장 중요하다고 생각했거든. 그래서 가장 큰 목표는 우리 가족이 모두 행복할 수 있는 걸 생각했던 거야. 정말로 행복을 느낄 수 있는 사람은 그 순간 최선을 다해 성실하고 아름답게 살아가는 사람이라고 생각해. 우리 태양도 그런 사람이 됐으면 좋겠다. 넓은 목표를 세우고 하루하루 일상을 아름답게 영위해 나가는 조그마한 계획을 세우고 지키는 사람. 엄마 말이 무슨 말인지 알겠지?"

태양은 대답 대신 고개를 끄덕였다. 오늘 저녁에는 내 버킷리스트를 부모님께 보여 드려야겠다. 당신의 아들이 이제부터 버킷리스트와 함께 하루하루 행복한 삶을 살아가는 사람이 됐다는 것을 보여 드려야겠다.

태양은 어머니를 향해 밝게 웃으며 자리에서 일어났다.

마당에는 노을빛이 서서히 물들어가고 있었다. 태양은 노트를 펼쳐 다짐하듯 자신의 버킷리스트를 확인했다. 읽을수록 꿈이 더 단단해지는 기분이 들었다.

"데이비드 아저씨 말대로 버킷리스트는 역시 노트에 적어야 제 맛이야. '쓰면 이루어진다' 는 말도 있잖아요."

태양은 웃으며 노트를 닫았다. 그런데 뭔가가 잔상에 남았다. 태양은 다시 노트를 펼쳤다.

태양의 버킷리스트

한가을과 데이트하기

슥슥 펜으로 지운 뒤였지만 소망마저 지우진 못했다. 태양은 가만히 지워지지 않은 버킷리스트를 내려다보았다. 나는 이것을 지금 간절히 원하는가? 태양은 스스로에게 질문을 던졌다. 마음은 '그렇다' 고 대답했다. 내가 시도할 수 있는 일인가? 마음은 또 '그렇다' 고 대답했다. 그럼 지금 할 수 있는 일인가? 태양은 머뭇거렸다. 어디서부터 시작해야 할지도 막막했고 무엇보다 거절당하는 게 두려웠다. 그때 데이비드 아저씨의 목소리가 들리는 듯했다.

'이보게, 젊은이. 지구는 둥글더군. 그런데 아직도 자네는 준비만 하고 있나?

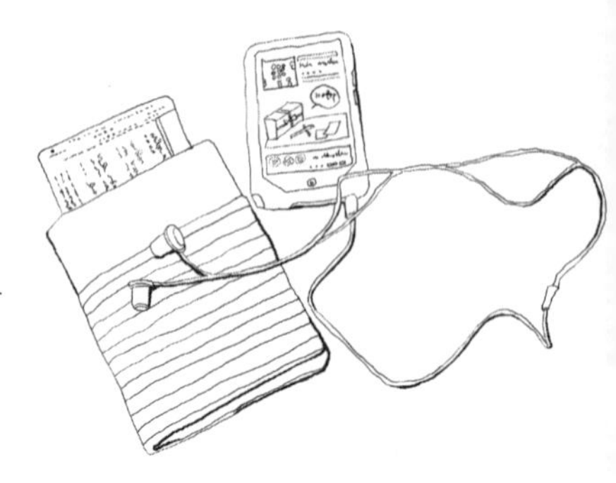

태양은 주머니에서 핸드폰을 꺼냈다. 그리고 그리운 이름을 찾아내 통화 버튼을 눌렀다. 그는 질끈 눈을 감고 말했다.

"가을 씨, 저 태양인데요……."

눈을 뜨자 노을은 절정을 이루며 눈앞의 온 세상을 오렌지색으로 물들이고 있었다. 태양의 얼굴은 노을보다 더 붉게 물들기 시작했다.

[순간을 열심히 사는 사람은 영원을 열심히 사는 사람이다. 당신의 버킷리스트는 당신이 삶의 매순간에 최선을 다할 수 있도록 이끌어주는 이정표가 되어줄 것이다.]

84세, 여, 디스크 환자의 버킷리스트

고향 마을 다녀오기

어릴 적 친구들과 도란도란 얘기 나누기

들판에서 뛰어놀기

자식들 건강하게 잘사는 모습 보기

10세, 여, 초등학생의 버킷리스트

게임 캐릭터 최고의 아바타 만들기

멀리뛰기 1등하기

엄마, 아빠 집 사주기

32세, 여, 대학강사의 버킷리스트

부모님께 아름다운 집 지어드리기
사랑하는 사람과 로마여행가기
사랑하는 사람과 성가대 활동하기

버킷리스트 작성하기

버킷리스트는 '내가 꼭 하고 싶은 일' 입니다. 지금 당장 하고 싶은 일, 1년 안에 하고 싶은 일, 죽기 전에 꼭 하고 싶은 일입니다. 그 일은 '원대한 목표' 가 될 수 있으며 '일상의 사소한 것' 도 될 수 있습니다. 그러므로 버킷리스트 작성을 어렵게 생각하지 마세요. 지금 당장 실천할 수 있는 것부터 차근차근 적으면 그것이 나의 버킷리스트가 됩니다.

- 저녁 먹고 동네 한 바퀴 돌기
- 산에 올라 소리치기
- 자전거 타고 우체국까지 갔다 오기
- 초등학교 졸업 앨범 뒤져 단짝 친구 찾아내기
- 바다에서 조개 주워오기

지금 전화만 하면, 집을 나서기만 하면 곧바로 실행할 수 있는 것부터 작성해 보세요. 지금 당장 하고 싶은 일을 지금 하지 못하면 1년 후에도, 10년 후에도 할 수 없습니다. 지금 실천할 수 있는 것부터 적어보세요. 하나를 실천하면 그 다음 버킷리스트를 달성하기가 쉬워집니다.

- 버킷리스트는 작성도 중요하지만 정작 중요한 것은 실천입니다. 기한을 정해 스스로에게 동기부여가 되도록 해야 합니다.
  너무 먼 미래만 보지 말고 오늘 당장 할 수 있는 일부터 1주일, 1개월, 3개월, 1년 단위로 끊어서 생각해도 좋습니다.

- 버킷리스트는 단순히 꿈속에 존재하는 것이 아닙니다. '하고 싶은 리스트' 로 남아 있어서는 안 됩니다. 이미 이룬 것이 많을수록 이루고 싶은 버킷리스트의 목록도 늘어납니다. 버킷리스트를 작성하는 이유는 내가 원하는 것이 무엇인지 깨닫고 직접 실천하면서 삶의 행복을 늘려가고 풍성한 삶이 되도록 하는 데 있습니다.

✻ 나의 버킷리스트

작성	내 용	기 한	이룬 날
00년 12월 1일	부모님과 시외로 나가 맛집에서 근사한 저녁식사 하기	12월 31일	○ (12월 15일)
00년 12월 5일	올해가 가기 전 00의 기분을 상하게 한 일 사과하기	12월 31일	
00년 12월 6일	미국 그랜드캐년 여행하기	00년 8월	

•

•

•

태평양의 아름다운 섬으로 여행하기

자동차 구입하기

맨발로 흙 위 걸어보기

눈물이 나고 얼굴에 경련이 일 때까지 실컷 웃어보기

빚 다 갚기

✲ 버킷리스트 구체화하기(예)

나의 버킷리스트

NO:

목표	미국 그랜드캐년 여행하기		
최초 작성일	00년 12월	기한	00년 8월

1. 총비용은?
   - 산출 근거
   - 그 돈을 어떻게 마련할까?

2. 누구와 갈까?

3. 준비해야 할 것은?

4. 왜 가야 하며, 무엇을 얻고 돌아올 것인가?

5 휴직을 해야 하나?

6. 참고할 만한 책이나 도움을 줄 사람은?

7. 관련 인터넷 사이트는?

8. 그 외

✻ 버킷리스트를 성취하기 위해 해야 할 일

<table>
<tr><td colspan="4">나의 버킷리스트

NO:</td></tr>
<tr><td>목표</td><td colspan="3"></td></tr>
<tr><td>최초 작성일</td><td></td><td>기한</td><td></td></tr>
<tr><td colspan="4"></td></tr>
</table>

✻ 버킷리스트를 성취하기 위해 해야 할 일

나의 버킷리스트

NO:

목표			
최초 작성일		기한	

✲ 나의 버킷리스트

NO	작성일	내 용	기 한	이룬 날
1				
2				
3				
4				
5				
6				
7				
8				
9				
10				
11				
12				
13				
14				
15				
16				
17				
18				
19				
20				

버킷리스트 멘토링

BUCKET LIST MENTORING

버 킷 리 스 트

내 가슴을 뛰게 하는 도전과 꿈의 목록들

버킷리스트는 '내 생애 꼭 하고 싶은 일들'이다. 하고 싶은 일은 사람마다 다 다르다. 죽음을 눈앞에 둔 사람은 사랑하는 사람과 오붓하게 오솔길을 걷는 게 버킷리스트가 될 수 있다. 바쁜 일상에 쫓겨 여유를 잃고 사는 사람들은 일상을 일탈해 가까운 곳으로 여행을 떠나는 게 버킷리스트가 되기도 하고, 오랜 투병 생활 끝에 일상으로 돌아온 사람은 날씨 좋은 가을날 노천 카페에 앉아 에스프레소 커피 한 잔을 마시는 게 버킷리스트가 되기도 한다.

이처럼 버킷리스트는 각자가 처한 상황, 간직하고 있는 꿈, 도전하고 싶은 욕망에 따라 일상의 사소한 일이 될 수도 있고 많은 시간이 걸리는 큰일일 수도 있다. 그런 의미에서 버킷리스트는 행복으로 가는 꿈의 목록이자 꿈을 나누고 실천하면서 절망적인 상황에서도 희망을 나누는 프로젝트다. 버킷리스트는 꿈을 달성하기 위해 스스로 실천하겠다고 자신과 다짐한 약속 목록이다. 나의 꿈을 달성하기 위해 실천하겠다고 다짐한 약속은 이제까지와는 다른 방법으로 도전할 때 비로소 현실로 구현된다. 꿈은 도전을 통해 달성되기 때문에 버킷리스트는 꿈의 목적지에 이르기 위해 추진해야 될 도전 목록이다.

버킷리스트를 달성하는 순간 느끼는 즐거움은 형언하기 어려울 정도 감동적인 체험이다. 버킷리스트는 감동적인 기쁨을 제공해주는 일종의 감탄사 모음집이다. 나아가 버킷리스트는 그것을 실천하면서 깨닫는 소중한 배움을 던져주는 교훈 목록집이기도 하다. 마지막으로 버킷리스트는 하고 싶은 일을 추가하는 '플러스 리스트'인 동시에 이제까지 해온 일을 버리거나 그만두는 '마이너스 리스트'이기도 하다.

버킷리스트? 그것이 궁금하다

버킷리스트는 달성하고 싶은 꿈의 목록이다. 행복은 '행복을 목적으로 추구하는' 사람보다 '하고 싶은 일을 하는' 사람에게 자연스럽게 찾아온다. 행복은 목적이 아니라 과정이며, 행복은 명사가 아니라 동사다. 어떤 일을 하면서 느끼는 즐거움 속에서 행복은 스며들어오는 것이다. 행복해지기 위해 뭔가를 하기보다 뭔가를 하다보면 행복해지는 경우가 더 많다. 행복으로 가는 여정은 그래서 목표를 향해 달려가는 직선로보다 에둘러 돌아가는 우회로에 더 많이 스며든다.
행복은 거창한 목표를 성취하는 것보다 평소 하고 싶었지만 이런저런 사정으로 하지 못하고 마음속에 꾹꾹 눌러놓은 작은 일들을 실천하면서 찾아온다. 꿈은 처음부터 선명하게 보이지 않는다. 보이지 않는 꿈은 지금 이 순간 눈으로 볼 수 있는 무엇인가를 실천하면서 서서히 보이기 시작한다. 실천하면서 느끼는 소소한 감정이 행복감이다. 행복한 사람은 하고 싶은 일을 하면서 살아간다. 하고 싶은 일이 무엇인지를 아는 확실한 방법은 이것저것 해보는 방법이다. 이런저런 시도를 하다보면 내 안에 꿈틀거리는 욕망의 물줄기를 만날 수 있다. 그 욕망의 물줄기를 따라가다 보면 나만의 버킷리스트를 작성할 수 있다.

버킷리스트는 더불어 살아가는 희망 프로젝트의 출발점이다. 세상에서 가장 아름다운 모습은 아름다운 얼굴이 아니라 누군가를 위해 행동으로 옮기는 아름다운 실천이다. 행복은 사회적 관계 속에서 찾아온다. 내가 추구하는 행복이 다른 사람에게는 불편함을 초래하거나 폐해를 끼친다면 나의 행복은 아무런 의미가 없다. 내가 누군가를 위해 뭔가를 할 수 있을 때처럼 행복한 일이 또 있을까. 타인에 대한 관심과 애정, 격려와 배려, 헌신과 봉사를 통해 우리는 세상을 얼마든지 아름다운 곳으로 바꿀 수 있다. 나누고 봉사하는 삶을 살기 위한 작은 실천을 진지하게 반복할 때 세상은 얼마든지 바뀔 수 있다는 희망을 가져야 한다. 그런 희망사항이 버킷리스트에 들어 있고, 그것을 조금씩 실천해나갈 때 나는 물론 우리 모두가 행복한 삶을 사는 비결이 아닐까.
이런 점에서 버킷리스트는 단순히 나의 이익과 행복만을 추구하는 자기 만족을 위한 실천이라기보다 남을 위한 봉사와 사랑이라는 숭고한 정신이 담겨져 있기도 하다. "꿈은 누군가에게 꾸어오는 것이다." 신영복 교수님의 말씀이다. 버킷리스트를 실천하는 것도 일차적으로는 나의 꿈을 실현하는 행동이지만 나의 꿈은 또 누군가의 꿈이 된다.

버킷리스트는 스스로 하겠다고 다짐한 약속 목록이다. 버킷리스트는 내가 하겠다고 결심하고 언제까지 하기로 결정한 약속 목록이다. 약속은 신뢰라는 그릇에서 자란다. 약속

한 일을 하지 않으면 신뢰라는 그릇은 깨진다. 깨진 그릇 안에 약속은 더 이상 자라지 않는다. 가장 중요한 약속은 스스로 하겠다고 다짐한 약속이다. 자신과 약속을 지키지 못하는 사람은 다른 사람과의 약속도 지키지 못한다. 자신과의 약속을 대수롭지 않게 생각하는 사람은 다른 사람과 했던 약속을 어겨도 죄책감을 느끼지 않는다.
약속은 실천하지 않으면 무용지물이다. 실천하지 못하는 약속, 실천하지 않는 약속의 남발은 신뢰라는 그릇을 깨뜨리는 주범이다. 그래서 버킷리스트는 하고 싶은 일들의 목록이기도 하지만 할 수 있는 일들의 목록이기도 하다.

버킷리스트는 이제까지 시도하지 않았던 도전 목록이다. 도전하지 않으면 도약할 수 없다. 도전을 멈추는 순간 삶은 거기서 끝이다. 남다른 도전만이 남다른 도약을 할 수 있으며, 남다른 도약이 남다른 성취를 가져온다. 경계를 넘어서본 사람만이 경계 너머의 한계가 무엇인지 알 수 있다. 한 번도 경계를 넘어서지 못한 사람은 자신의 한계가 어디까지인지를 알 수 없다.
버킷리스트는 경계를 넘어 한계에 도전하겠다는 나만의 도전 계획서다. 시도해보기도 전에 '~때문에' 안 된다고 핑계를 대면서 자기 합리화를 하는 사람은 버킷리스트를 절대로 실천할 수 없다. 오히려 버킷리스트는 '그럼에도 불구하고' 또는 '~덕분에' 오히려 내 꿈을 이룰 수 있었다고 긍정적으로 생각하는 사람들의 도전 목록이다. 사람은 저질러본 것보다 저지르지 못하고 차일피일 미루다 결국 하지 못한 일에 더 많이 후회를 한다. 해보고 나서 후회하면 다른 방법으로 도전할 수 있는 묘안을 찾을 수 있다. 해보지 않고 후회하는 사람에게는 남다른 도전 방법을 찾을 수 없다.

버킷리스트는 감탄사 모음집이다. 버킷리스트는 내가 하면 신날 것 같은 일들이다. 왠지 하지 않으면 평생 후회할 일들이 버킷리스트다. 행복이란 무엇인가? 인간의 행복은 하고 싶은 일을 하면서 성취하는 즐거움의 감탄사에 비례한다. 행복은 추상명사가 아니라 보통명사다. 원대한 꿈과 이상적인 비전만으로 인간은 행복해지지 않는다. 작은 일이라 할지라도 의미를 부여하고 가치를 발견하면서 보람을 느끼는 게 행복이다.
지금까지 실천하면서 성취했던 버킷리스트와 버킷리스트를 달성하면서 표현한 감탄사만큼 행복도 찾아온다. 감탄사는 해보고 싶어서 간절히 갈구했던 일을 실제로 하면서 성취감을 느낄 때, 자기도 모르게 나오는 감동적인 느낌의 언어다. 그러한 감동적인 경험을 갖고 있는 사람만이 내 생각이나 의견, 공감되는 이야기를 누군가 할 때 나도 덩달아서 감탄사를 연발하는 것이다. 이러한 점에서 버킷리스트는 내가 느끼는 감동적인 체험 목록이자 다른 사람도 함께 공감할 수 있는 스토리다.
버킷리스트를 달성하면서 느낀 나만의 체험적인 스토리라야 다른 사람의 마음도 움직일 수 있기 때문이다. 마음이 움직여야, 즉 감동(感動)하면 행동(行動)한다. 버킷리스트를 실천하면서 느낀 누군가의 감동적인 체험적 스토리는 누군가의 꿈의 목록이 될 수 있다.

버킷리스트는 나의 체험 스토리 모음집이다. 하고 싶은 일을 하나둘씩 실천하면서 나만의 체험 스토리가 생긴다. 체험 스토리에는 도전하면서 직면했던 걸림돌과 장애물, 실패와 좌절, 절망과 고뇌, 도전 여정에서 배운 교훈과 각오가 살아 숨 쉰다. 지금까지 시도했던 버킷리스트에 담긴 숱한 사연을 엮어보면 그게 바로 나의 역사가 된다. 즉 내가 시도하면서 보고 느끼고 체험했던 버킷리스트에 담긴 스토리(story)가 나의 히스토리(history)가 된다. 버킷리스트를 실천하면서 쌓인 나만의 체험 스토리가 모이면 그것이 내 삶의 히스토리가 되고, 결국 히스토리를 반추해보면 그게 바로 내가 살아온 나만의 삶의 방식(My Way)이 된다.
내 삶을 바꾸려면 결과적으로 나의 버킷리스트를 바꾸고 실천하면서 나만의 스토리를 만들어가야 한다. 체험 스토리라야 나도 감동하고 다른 사람도 감동시킬 수 있다. 내가 감동하지 않으면 다른 사람도 감동시킬 수 없다. 감동적인 경험을 많이 한 사람일수록 다른 사람을 감동시킬 확률이 높다.

버킷리스트는 결국 나의 인생 교훈집이 된다. 배움은 실천을 통해서 완성된다. 다른 사람의 사상이나 이론도 내가 직접 실천하지 않으면 나의 것이 되지 않는다. 손과 발을 움직여 직접 실천하다보면 생각대로 풀리지 않거나 계획대로 진행되지 않는 경우가 많다. 하고 싶은 일이었지만 기대만큼 나의 욕망을 충족시키지 못하는 일도 많다. 시도했다가 처절하게 무너질 수 있다. 사람은 얼마든지 넘어질 수도 있고 자빠질 수도 있다.
절망한 경험이 있어야 희망의 소중함을 알 수 있고, 넘어져 본 아픔이 있어야 성공의 기쁨이 주는 소중한 교훈을 알 수 있다. 계획대로 풀리지 않거나 예기치 못한 변수로 인해 실패했을 때 가장 의미심장한 학습이 일어난다. 이렇게 버킷리스트를 실천해 나가면 욕심만 앞서서 잘못 설정한 꿈의 목록을 발견할 수 있을 뿐만 아니라 초기에는 미처 몰랐던 나의 욕망의 물줄기를 찾아 새로운 버킷리스트가 추가된다. 이런저런 버킷리스트를 실천하면서 꿈에도 생각하지 못했던 의미심장한 버킷리스트가 새롭게 부각될 수 있기 때문이다.
버킷리스트가 예정대로 어떤 어려움도 없이 쉽게 실현되는 경우도 있지만 그렇지 못한 경우가 더 많을 것이다. 앞으로 살아갈 미래가 불확실하기에 미지의 세계가 더 궁금한 법이며, 더 재미가 있는 법이다. 불확실한 상황이 만드는 불안감과 긴장감 속에서 더 의미심장한 버킷리스트가 하나둘씩 구현될 때 그 기쁨은 커지고 깨닫는 교훈도 그만큼 많아진다.

버킷리스트는 하고 싶지 않은 일을 버리는 내려놓음 목록이다. 버킷리스트는 하고 싶은 일을 채우는 일이기도 하지만 하고 싶지 않은 일을 버리는 일이기도 하다. 버려야 채울 수 있고, 내려놓아야 더 높이 올라갈 수 있다. 내가 하지 않아도 될 일, 피치 못할 사정으로 어쩔 수 없이 할 수밖에 없는 일들이 많아지면서 정작 소중한 나의 버킷리스트를 하지 못한 경우가 발생할 수 있다.
하고 싶지 않은데 어쩔 수 없이 해야 되는 일이 많으면 많을수록 행복한 삶이 될 수 없다. 행복은 그래서 욕망의 물줄기를 쫒아 새로운 일을 추구하고 채우는 가운데에서 오지만, 하기 싫은 일을 포기하거나 버리는 가운데에서도 찾아온다. 너무 많은 것을 하려다 정작 소중한 것을 하지 못해 후회하거나 마음 상하는 경우가 많다. 중요하면서 급한 수많은 일들을 어쩔 수 없이 시간에 쫓겨 속전속결로 처리하다보면 아무리 일을 많이 해도 끝이 나지 않는 경우가 생긴다. 과거보다 더 많은 일을 더 빨리 추진하면서 성취감을 얻기보다 심각한 스트레스나 자괴감에 빠지게 된다.
그럴 때 버리고 내려놓고 덜어내면 오히려 홀가분해진다. 버킷리스트는 이제까지 해보지 않은 일을 추가하는 '플러스 리스트'이기도 하지만 이제까지 해온 일을 버리거나 그만두는 '마이너스 리스트'이기도 하다.

버킷리스트, 어떻게 찾을 것인가?

'내 생애 꼭 하고 싶은 일들'이 버킷리스트라면 어떤 일들을 포함시킬지는 전적으로 개인이 결정할 문제다. 버킷리스트는 옳고 그른 문제나 좋고 나쁜 문제가 아니다. 얼마나 더 가슴 뛰는 일이냐의 문제일 뿐이다. 어떤 일을 하면 내 가슴이 뛸까? 그것도 전적으로 개개인이 꿈꾸는 미래와 가치관, 삶의 신조나 좌우명, 가슴 속에 묻어두었던 하고 싶었지만 어쩔 수 없이 하지 못했던 일들, 그리고 내 마음속에 흐르는 욕망의 물줄기에 따라 다를 것이다. 이왕 버킷리스트를 쓰기로 마음먹었다면 생각만 해도 가슴이 뛰는 일을 중심으로 시작하는 것이 좋지 않을까? 어떻게 하면 그런 가슴 뛰는 버킷리스트를 만들 것인가?

여기에 도움이 되는 네 가지 질문을 던져본다(이중 세 개의 질문은 '박승오 · 홍승완(2009), 「나의 방식으로 세상을 여는 법」, 서울 고즈윈'의 책에 나오는 아이디어를 참고로 작성된 것임을 밝혀둔다).

첫째, 어떤 일을 하고 있을 때 살아있음을 느끼는가? 무엇을 하면 진짜 행복할 것 같은가?

둘째, 어떤 공간에 있을 때 살아있다고 느껴지는가? 왠지 가보고 싶고 끌리는 장소는 어디인가?

셋째, 나는 어떤 것을 가졌을 때 기쁨을 느끼는가? 지금까지 받은 선물 중에서 마음에 드는 것은 무엇인가? 왜 거기에 마음을 빼앗겼는가?

넷째, 직접 만났거나 책이나 영화, TV 등을 통해 간접적으로 알게 된 사람 중 끌렸던 사람은 누구인가? 왜 그 사람에게 마음을 빼앗겼는가?

이 네 가지에 대해 온몸을 던져 빠져보고 싶은 일, 가보고 싶은 곳, 갖고 싶은 것 그리고 만나고 싶은 사람을 적는다. 네 가지 질문을 두세 가지 섞어서 하나의 버킷리스트를 만들 수도 있다. 예를 들면 평소 만나고 싶었던 사람과 함께 가고 싶은 곳으로 가서 선물을 준다든지, 갖고 싶었던 것을 사서 가고 싶었던 곳으로 간다든지 등 다양한 조합을 통해 복합적인 버킷리스트를 만들 수도 있다.

보다 체계적으로 버킷리스트를 작성하는 또 다른 방법은 다음 세 가지 질문을 던지면서 나올 수 있는 가상의 답을 적는 방법이다. 첫째 질문은 재능과 강점, 두 번째 질문은 욕망, 세 번째 질문은 헌신과 봉사와 관련된 질문이다.

첫째, 내 생에 꼭 한 번 '해보고 싶은 일'은 무엇인가? 하지 않고 죽으면 크게 후회할 일은 무엇인가? 우선, 신났던 일, 그 일만 생각하면 잠이 오지 않았던 경험, 시간 가는 줄 모르고 몰입했던 순간을 떠올려보자. 5시간이 지났는데도 불구하고 마치 5분처럼 느껴졌던 일은 무엇인가? 힘든 일상에서도 이것만 생각하면 가슴이 뛰었던 순간, 그 순간에 했던 일에 나의 재능이 발휘되었을 가능성이 높다. 재능은 재미있게 할 수 있는 능력이다. 재능이 발휘되면 나도 모르게 신나는 경우가 많다.

둘째, 내가 하면 '잘할 수 있는 일'은 무엇인가? 남이 나를 평가할 때 무엇을 나만의 강점이라고 인정해주는가? 남과 비교할 때 내가 상대적으로 잘한다고 생각되는 일은 무엇인가? 나만의 향기, 개성과 재능, 강점과 특성을 중심으로 나의 차별화된 경쟁력은 무엇인지를 생각한다. 그런 분야와 관련된 일의 난이도를 높여 버킷리스트에 포함시킨다. 예를 들면 암벽 등반의 수준을 높여 지금까지 미루어왔던 색다른 암벽 등반 코스에 도전하는 식이다. 똑같은 일도 난이도 수준을 조절하면 얼마든지 다른 버킷리스트를 생각할 수 있다.

셋째, 지금 당장은 하고 싶지 않거나 잘할 수 없지만 미래를 위해 '해야 되는 일'은 무엇인가? 아마 '해야 되는 일'은 하기 싫은 일일 가능성이 높기 때문에 버킷리스트에 포함시킬 수 없다고 생각할 것이다. 그런데 지금 당장은 하기 싫지만 '하고 싶은 일'과 '잘할 수 있는 일'을 하다보면 내가 정말 잘하는 일로 바뀔 수 있다. 사람은 하고 싶고 잘할 수 있는 일만 하면서 살아갈 수는 없다.
지금 당장 내가 얻을 수 있는 혜택에 비추어볼 때 그다지 도움이 안 된다고 생각하는 일도 생각이 바뀌고 세상을 바라보는 가치관이 바뀌면서 나에게 소중한 일로 다가올 수 있다. 예를 들면 장애 아동을 위한 봉사 프로그램 참여하기, 추운 겨울 불우이웃을 찾아 따뜻한 온정을 나누기 위한 연탄 나르기 등이 버킷리스트에 포함될 수 있다. 이러한 일들은 나를 위한 일이 아니라 남을 위한 일이기에 뒤로 미룰 수도 있다. 하지만 행복은 다른 사람과의 관계 속에서 피는 아름다운 꽃이라는 사실을 알아야 한다. 나로 인해 다른 사람이 행복하면 나도 행복해지는 것이다.

버킷리스트, 실천하지 않으면 '버킷'(장바구니)에 지나지 않을 뿐

아무리 좋은 버킷리스트라 해도 실천하지 않으면 공허한 목록에 지나지 않는다. 실행이 따르지 않는 계획은 무의미하듯이 실천이 따르지 않는 버킷리스트는 무용지물이다. 뭔가를 시작해야 뭔가가 된다. 시작하지 않고 되는 일은 없다. 시작하는 방법은 그냥 시작하면 된다. 그런데 우리는 시작하기 위한 이론과 방법을 그동안 너무 오랫동안 연구해왔다. 어떻게 시작하는 것이 가장 효과적인 방법인가를 연구하고 완벽하게 시작하는 방법을 알기 위해 우리는 너무 오랫동안 준비만 한 것이다. 완벽하게 준비해서 시작하려다 완벽하게 시작하지 못할 수 있다.
일단 준비가 완벽하지 않더라도 시작하지 않으면 평생 시작할 수 없다. 시작하는 데에는 특별한 이론이나 방법이 없다. 그냥 시작하면 된다. 물론 시작하기 위해서는 준비해야 한다. 그냥 시작하면 된다는 이야기는 아무 생각과 준비 없이 무조건 시작하라는 의미는 아니다. 시작하기 위해 너무 많은 고민에 고민을 거듭하다 시작도 할 수 없다는 것을 강조하기 위해서 쓴 말이다. 뭔가를 시작하겠다는 마음은 시작하겠다고 결심한 순간 바로 실천하지 않으면 시간이 지나면서 더욱더 실천하기 어려워진다.

72:1 법칙이 있다. 뭔가를 시작하기로 결심했으면 72시간 내에 실행하지 않으면 1%도 성사될 가능성이 없다는 말이다. 지금 당장 실천하지 않으면 실천하지 못한 것에 대한 자기 합리화나 핑계거리가 생기기 시작한다.
하지도 않을 거창한 계획, 실현할 수 없는 거창한 꿈을 생각만 하고 실천하지 않거나 못하는 것보다 마음속에 묻어두었던 아쉽고 미련이 남아 있던 일, 평소에 얼마든지 실천할 수 있었지만 차일피일 미루다 시기를 놓쳐버린 일들은 마음만 먹으면 지금 당장이라도 손쉽게 실천할 수 있는 일들이다. 하겠다고 다짐한 작은 약속들을 실천하면서 성공 체험을 맛보아야 자신감이 생기고 더 난이도가 높은 버킷리스트를 만들어갈 수 있다.
하나의 버킷리스트를 달성하면서 느끼는 자신감과 성공 체험은 다음 버킷리스트를 달성하는 데 커다란 디딤돌로 작용한다. 디딤돌이 있어야 더 높은 곳으로 도약할 수 있다. 자신이 약속한 것을 실천에 옮겨 성공 체험을 맛본 사람은 그렇지 않은 사람에 비해 또 다른 도전을 통해 도약할 수 있는 가능성이 그만큼 더 크기 때문이다. 성공한 사람이 더 의미심장한 성공을 거머쥘 수 있다. 성공을 거창한 일을 성취하는 것으로 착각하는 한 성공 체험을 맛볼 수 없다.

버킷리스트는 작지만 실천하면 실천한 사람은 물론 실천으로 함께 기쁨을 누릴 수 있는 사람들이 모두 행복해질 수 있는 요술상자이다. 시골에 있는 부모님을 찾아뵙고 맛있는 밥 사드리기, 일주일에 한 번 아내와 영화 보고 밥 먹기, 대낮에 노천카페에 앉아 에스프레소 커피 한 잔 마시기, 소식이 끊긴 친구들을 찾아 안부 전화하기, 일주일에 책 한 권 읽고 내 생각으로 표현해보기, 주말에는 무조건 자연으로 나가 산책하기 등 얼마든지 버킷리스트를 만들어 실천할 수 있다. 버킷리스트에 들어 있는 일들을 하나둘 실천해나가면서 행복은 먼 데 있지 않고 가까운 곳에 있다는 사실을 깨달을 수 있다.
WHO 사무총장이었던 고 이종욱 총장, 백신의 황제라고도 불리며 한국인으로서는 처음으로 UN 기구의 수장이 되었던 그가 취임 후 선택한 것은 WHO의 숭고한 사상 대신 행동이었다. "시도해보기도 전에 안 된다고 생각하면, 수많은 이유가 있고, 그럴듯한 핑계가 생기지……. 적어도 실패는 시작하지 않는 것보다 훨씬 큰 결과를 남기는 법이야." 사람들은 그를 행동하는 사람(Man of Action)이라고 추억한다. 1년의 1/3을 수행원 2~3명을 데리고 이코노미 비행기 좌석을 타고 전세계 곳곳을 누빈다. 아마도 그의 버킷리스트에는 '에이즈를 인류로부터 영원히 깨끗하게 없애기'가 있었을 것이다.

토머스 헨리 헉슬리는 "삶의 위대한 끝은 지식이 아니라 행동"이라고 갈파했다. 할리데이비슨 오토바이 광고 문구에는 이런 글이 있다.
"언젠가는 꼭 하고 말거야. 하지만 보세요, 월요일, 화요일, 수요일, 목요일, 금요일, 토요일, 일요일. '언젠가(Someday)'란 요일은 없습니다. 지금이 즐길 때입니다(I'll do it someday. Monday, Tuesday, Wednesday, Thursday, Friday, Saturday, Sunday. See? There is no Someday. It's time to ride)." 언젠가 일상을 일탈해서 자유를 누릴 것이라고 마음속으로만 생각하다가 언젠가가 되어도 실행에 옮기지 못하는 사람들의 우유부단함을 지적한 광고다.

"내 목표는 예순다섯 살이 되었을 때 '이건 꼭 했어야 하는데'라고 후회하지 않는 것"이라고 미국의 영화배우 조지 클루니는 말했다. 할까말까 망설이는 동안 시간은 통곡하면서 우리 곁은 지나가고 있다. 사람이 바꿀 수 있는 것은 오로지 지금 바로 여기다. 흘러간 과거를 후회한다고 과거가 바뀌지 않으며, 오지도 않은 미래를 미리 앞당겨 고민한다고 바뀌지 않는다. 오로지 바꿀 수 있는 것은 현재뿐이다. 현재를 바꾸면 아픈 과거의 기억도 의미 있는 추억으로 채색될 것이며, 꿈꾸는 미래도 현실로 다가온다.
아일랜드의 소설가 조지 버나드 쇼의 묘비명에는 이런 문구가 새겨져 있다. "어영부영하다가 내 이럴 줄 알았지.(I knew if I strayed around long enough, something like this would happen)." 1996년 노벨문학상을 수상한 폴란드의 여류시인 비스와바 심보르스카는 '두 번이란 없다'는 시에서 이렇게 삶을 찬미한다.

두 번 일어나는 것은 하나도 없고
일어나지도 않는다. 그런 까닭으로
우리는 연습 없이 태어나
실습 없이 죽는다.
……
어떤 하루도 되풀이되지 않고
서로 닮은 두 밤도 없다.
같은 두 번의 입맞춤도 없고
하나같은 두 눈 맞춤도 없다.

얼마나 가슴 뛰는 삶인가. 어제와 다른 오늘, 오늘과 다른 내일이 있다는 희망만으로도 삶은 충분히 아름답고 살 만하지 않은가. 뭔가를 시작하기에 늦은 때란 없다. 지금 당장 버킷리스트 노트를 펴들고 하나둘 씩 적어보자. 그리고 쉬운 것부터, 금방 실천할 수 있는 것부터 행동으로 옮겨보자. 놀라운 변화가 일어날 것이다.

죽기 전에 이뤄야 할 자신과의 약속

버킷리스트

제1판 1쇄 발행 | 2011년 2월 10일
제2판 1쇄 발행 | 2012년 2월 10일
제2판 37쇄 발행 | 2023년 3월 29일

지은이 | 강창균 · 유영만
펴낸이 | 오형규
펴낸곳 | 한국경제신문 한경BP

주소 | 서울특별시 중구 청파로 463
기획출판팀 | 02-3604-590, 584
영업마케팅팀 | 02-3604-595, 562 FAX | 02-3604-599
H | http://bp.hankyung.com E | bp@hankyung.com
F | www.facebook.com/hankyungbp
등록 | 제 2-315(1967. 5. 15)

ISBN 978-89-475-2786-6 03180

책값은 뒤표지에 있습니다.
잘못 만들어진 책은 구입처에서 바꿔드립니다.